Wie früher zu Hause!

Lassen Sie es sich schmecken, denn Hausmannskost, das ist gutes, deftiges und bodenständiges
Essen. Das sind einfache, sättigende Gerichte ohne
exotische Schnörkel, wie sie schon unsere Groß-
mütter kochten.
Hier finden Sie die Rezepte für jeden Tag und für
besondere Gelegenheiten – alles in zeitgemäßen,
leicht entfetteten Versionen. Da fällt das Genießen
noch leichter …

Die Farbfotos gestaltete Odette Teubner.

INHALT

**Die Temperaturstufen
bei Gasherden**
variieren von Hersteller zu
Hersteller. Welche Stufe Ihres
Herdes der jeweils ange-
gebenen Temperatur ent-
spricht, entnehmen Sie bitte
der Gebrauchsanweisung.

3

Gute Ratschläge

Stöbert man in alten Haushaltsbüchern, so findet man dort neben ausführlichen Rezepten auch allerlei gute Ratschläge und Ermahnungen für junge Frauen. Vor allem kann man darin lesen, daß von der Kochkunst das häusliche Glück, das Gedeihen und das Wohlbefinden aller Familienmitglieder abhängt. Dies entspricht der damals verbreiteten Verteilung der Rollen: Die Frau war für den Haushalt zuständig, der Mann brachte das Geld nach Hause.

In den bürgerlichen Haushalten wurden die jungen Mädchen deshalb angehalten, sparsam und liebevoll für ihren künftigen Gatten zu sorgen. Die dafür nötigen Fähigkeiten und Kenntnisse mußten sie bereits früh erwerben. In der Arbeiterklasse hingegen konnten Kochkunst und Haushaltsführung weniger gepflegt werden, da Frauen und Mädchen häufig zum Lebensunterhalt beitragen mußten. Dieser Umstand wird in den alten Büchern beklagt, denn, so heißt es, solche Zustände seien für das Familienleben störend und schädlich: Bekommt der Mann kein schmackhaftes und abwechslungsreiches Essen, so wird er ins Wirtshaus getrieben – und dort lauert bekanntlich der Teufel Alkohol! Einige Körnchen Wahrheit sind in diesen gutgemeinten Ratschlägen sicherlich zu finden, allerdings wurde wohl

übersehen, daß durch Industrialisierung, Inflation und Kriege viele Frauen gezwungen waren, einen Arbeitsplatz anzunehmen.

Die Not wird zur Tugend

Oft mußten Familienmitglieder körperlich schwer arbeiten. Der Findigkeit und dem Einfallsreichtum der Frauen ist es zu verdanken, daß sie auch tagsüber etwas Warmes essen konnten: Die Gerichte wurden im »Henkelmann« mit zur Arbeit genommen oder in der »Kochkiste« warm gehalten oder fertig gegart. Die Mahlzeiten mußten folglich einfach und unkompliziert, vor allem aber sättigend sein: Getreidesuppen, Eintöpfe und Kartoffelgerichte waren dafür

besonders geeignet. Fleisch oder Fisch kamen unter der Woche selten auf den Tisch und am Wochenende nur dann, wenn es der Geldbeutel zuließ.

Auch in den bürgerlichen Haushalten wurde gut und kräftig gekocht. Doch hier konnte man den Küchenzettel abwechslungsreicher gestalten: Fisch, Geflügel und Fleisch, frisches Obst und Gemüse vom Markt standen auf dem Speiseplan. Im Laufe der Zeit hat sich aus diesen verschiedenen Küchen eine gute und solide Kost durchgesetzt. Es spielt keine Rolle, wo in deutschen Landen am Herd gewerkelt wird: Hausmannskost ist das, was bodenständig schmeckt und ohne viel Schnickschnack zu Hause gekocht werden kann!

Hausmannskost, das ist kräftiges und sättigendes Essen, das der ganzen Familie schmeckt.

Kräftige Kost

Hausmannskost: das sind niemals drei drapierte Erbsen, ein Karöttchen und ein durchsichtiges Stück Fleisch! Hausmannskost ist kräftig und sättigend. Es schmeckt einfach besser, wenn ein großes Stück Braten im Ofen schmort und dadurch eine kräftige Sauce entsteht oder wenn ein Eintopf für mehrere Personen gekocht und auch wieder aufgewärmt werden kann.

Da früher das Kalorienzählen keine Rolle spielte, das gängige Schlankheitsideal noch nicht durch die Medien geisterte und Ernährungswissenschaftler nicht mit erhobenem Zeigefinger vor fetten Saucen warnten, wurde eben im allgemeinen rustikaler gekocht. Vielleicht hat dies mit den Jahren dann dazu geführt, daß Hausmannskost als dickmachendes und langweiliges Essen abgestempelt wurde. Natürlich wird auch heute noch der Tagesablauf vieler Menschen durch ihre berufliche Tätigkeit bestimmt. Im Gegensatz zu früher hat der Arbeitnehmer heute jedoch viele Möglichkeiten, seinen Hunger zu stillen. Er kann – wie früher – sein Essen zu Hause zubereiten und mit an den Arbeitsplatz nehmen. Häufig steht ihm eine Kantine zur Verfügung, in der er zu vernünftigen Preisen essen kann. Wer nicht so sehr aufs Geld sehen muß, kann natürlich auch ein Lokal aufsuchen. Genügsame beschränken sich auf einen Snack vom Kiosk.

Schon unsere Mütter wußten, was für eine gesunde Ernährung wichtig ist, deshalb gehört zur Hausmannskost reichlich frisches Gemüse der Saison.

Fastfood contra Hausmannskost

Tempo, Streß und Zeitmangel bestimmen heute unseren Alltag. Die Mahlzeiten werden der Karriere wegen oft stiefmütterlich behandelt. Single-Haushalte sind im Vormarsch, und Fastfood drängt immer mehr auf den Markt. Wer von den Berufstätigen hat abends noch Lust zu kochen? Schnell eine Pizza, ein kaltes Abendessen oder allein kniend vor dem Kühlschrank – so sieht moderne Nahrungsaufnahme häufig aus. Vielleicht sollte man sich angesichts solcher Entwicklungen wieder auf Altbewährtes besinnen. Auf einfache, schmackhafte Gerichte, die garantiert gelingen! Für die Sie keine langen Einkaufszettel schreiben müssen. Gerichte, die verführerisch duften, herrlich schmecken und liebenswerte Erinnerungen an unsere Kindheit wachrufen.

Die Anforderungen an die Ernährung haben sich geändert. Deshalb wurden die meisten überlieferten Gerichte »entfettet« und den heutigen Bedürfnissen angepaßt. Und dennoch schmeckt alles wie früher zu Hause.

5

Grüne-Bohnen-Eintopf

Zutaten für 4 Personen:
500 g Rindfleisch (Brustkern)
1 Bund Suppengrün
2 Zwiebeln · 1 Lorbeerblatt
6 Pfefferkörner · Salz
500 g grüne Bohnen
1 Bund Petersilie
300 g Kartoffeln
1 Bund frisches Bohnenkraut
(ersatzweise 1 Teel. getrocknetes)
50 g Räucherspeck
2 Eßl. Butter · 1 Eßl. Mehl

Gelingt leicht

Pro Portion etwa:
1700 kJ/400 kcal
34 g Eiweiß · 20 g Fett
24 g Kohlenhydrate

- Zubereitungszeit: etwa 2 Stunden

1. Das Fleisch abspülen und in einem Topf mit kaltem Wasser bedeckt zum Kochen bringen. Den aufsteigenden Schaum mehrmals abschöpfen. Das Suppengrün abspülen und dazugeben. Die Zwiebeln schälen. 1 Zwiebel, das Lorbeerblatt, die Pfefferkörner und Salz hinzufügen. Alles bei schwacher Hitze etwa 1 Stunde 20 Minuten köcheln lassen.

2. Inzwischen die Bohnen waschen, die Enden und die Fäden entfernen. Die Bohnen in etwa 3 cm lange Stücke schneiden. Die Petersilie waschen und die Blättchen fein hacken. Die Kartoffeln schälen und abspülen, dann in kleine Würfel schneiden. Das Bohnenkraut waschen.

3. Das fertige Fleisch aus der Brühe nehmen. Die Brühe durch ein Sieb in einen zweiten Topf gießen. Die Bohnen mit dem Bohnenkraut in die Brühe geben und darin etwa 7 Minuten kochen. Dann die Kartoffeln hinzufügen und alles weitere 8–10 Minuten kochen lassen.

4. Das Fleisch in kleine Stücke schneiden und wieder zu den Bohnen geben. Die zweite Zwiebel und den Speck klein würfeln. Die Butter in einer Pfanne erhitzen, den Speck darin anbraten. Dann die Zwiebel dazugeben, kurz anschwitzen lassen und das Mehl darüber stäuben. Alles unter Rühren in den Eintopf geben und kurz aufkochen lassen. Mit der Petersilie bestreuen.

Wirsing-Lamm-Eintopf

Zutaten für 4 Personen:
1 Wirsingkohl (etwa 1 1/2–2 kg)
600 g Lammfleisch (Brust, Nacken)
3 Kartoffeln · Salz
schwarzer Pfeffer, frisch gemahlen
3 Eßl. Butterschmalz
2 Zwiebeln · 2 Knoblauchzehen
1 1/4 l Fleischbrühe oder Wasser
je 1/2 Teel. gemahlener Koriander und Kümmel

Raffiniert

Pro Portion etwa:
3600 kJ/860 kcal
31 g Eiweiß · 68 g Fett
22 g Kohlenhydrate

- Zubereitungszeit: etwa 1 1/2 Stunden

1. Vom Wirsingkohl die äußeren Blätter entfernen. Den Kohl vierteln und den Strunk herausschneiden. Die Viertel in grobe Streifen schneiden. Das Fleisch abspülen, trockentupfen und in mundgerechte Stücke schneiden. Die Kartoffeln schälen, abspülen und in Würfel schneiden.

2. Das Fleisch mit Salz und Pfeffer würzen. In einem Bräter das Schmalz erhitzen und die Lammstücke darin von allen Seiten braun anbraten.

3. Zwiebeln und Knoblauch schälen, in kleine Würfel schneiden, zum Fleisch geben und kurz mitbraten. Den Wirsing und die Kartoffeln dazugeben. Brühe oder Wasser angießen. Den Eintopf mit Koriander und Kümmel würzen. Zugedeckt 30–40 Minuten kochen lassen. Dann nochmals mit Salz und Pfeffer abschmecken. Dazu paßt ein kräftiges Bauernbrot.

Im Bild vorne: Wirsing-Lamm-Eintopf
Im Bild hinten: Grüne-Bohnen-Eintopf

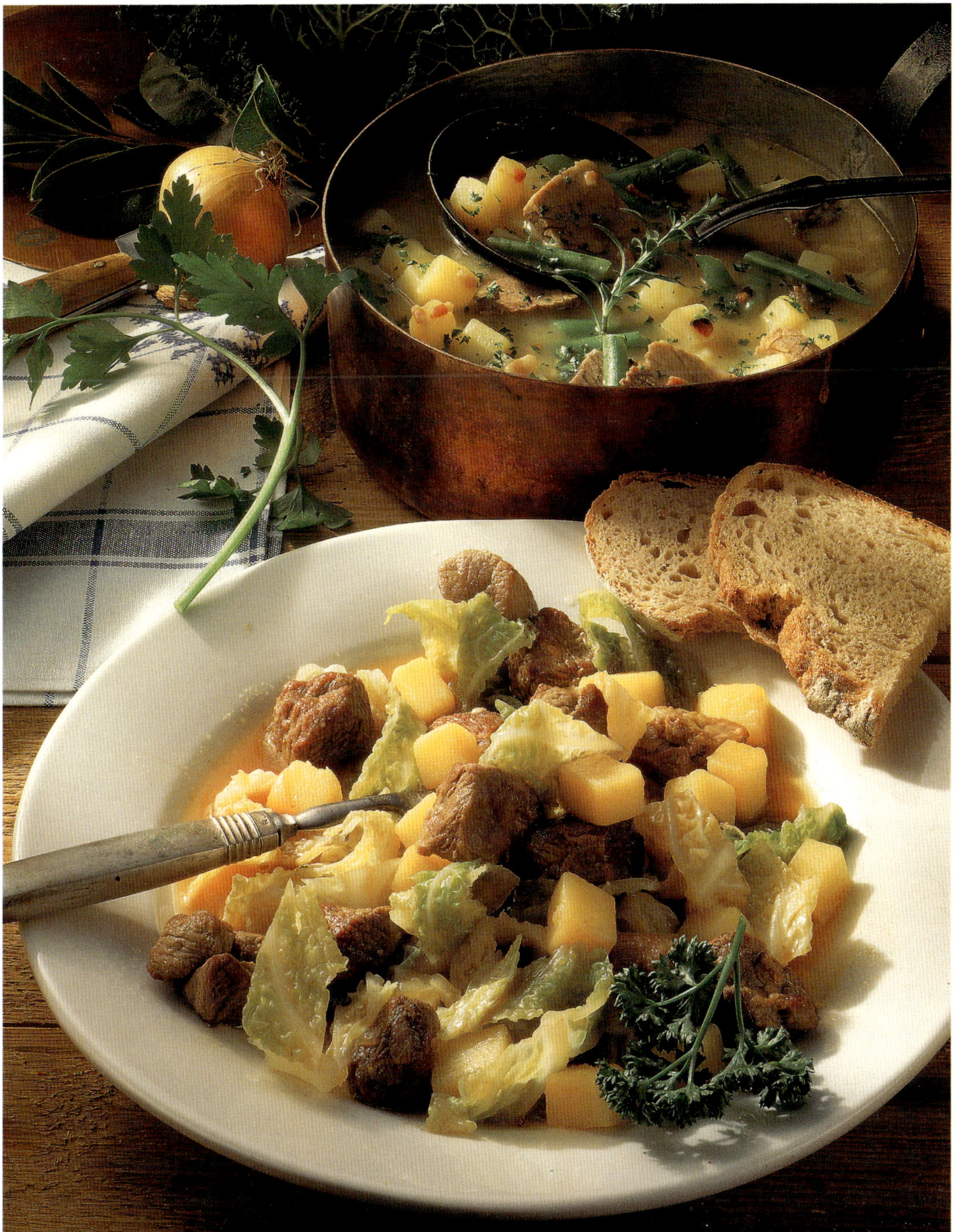

Tomatensuppe mit Reis

Zutaten für 4 Personen:

1 kg Tomaten · 1 Zwiebel
2 Knoblauchzehen
50 g Räucherspeck
3–4 Petersilienstengel
1 Stengel Thymian
2 Eßl. Butter · 1 Lorbeerblatt
1 Teel. Zucker · Salz
weißer Pfeffer, frisch gemahlen
100 g Reis
1 Bund Schnittlauch
100 g saure Sahne

Schmeckt Kindern

Pro Portion etwa:
1200 kJ/290 kcal
8 g Eiweiß · 14 g Fett
31 g Kohlenhydrate

- Zubereitungszeit: etwa
  1 Stunde

1. Die Tomaten waschen und vierteln, dabei die Stielansätze entfernen. Zwiebel und Knoblauchzehen schälen und in grobe Würfel schneiden. Den Speck würfeln, Petersilie und Thymian abspülen.

2. Die Butter zerlassen. Speck-, Zwiebel- und Knoblauchwürfel darin anbraten. Die Tomaten dazugeben. Alles etwa 10 Minuten dünsten.

3. 1/2 l Wasser zum Kochen bringen und dazugießen. Petersilie, Lorbeerblatt und Thymian hinzufügen. Mit Zucker, Salz und Pfeffer würzen. Die Suppe etwa 35 Minuten köcheln lassen.

4. Den Reis in ein Sieb geben und unter fließendem kalten Wasser abbrausen, bis das Wasser klar bleibt. Den Reis mit 200 ml Wasser in einen Topf geben und aufkochen lassen. Dann bei schwacher Hitze in etwa 30 Minuten ausquellen lassen.

5. Die Tomatensuppe durch ein Sieb streichen und den gekochten Reis unterrühren. Den Schnittlauch abspülen und in kleine Röllchen schneiden. Die Tomatensuppe in tiefe Teller verteilen. Auf jede Portion etwas saure Sahne und Schnittlauch geben.

Gemüse-Eintopf

Zutaten für 4–6 Personen:

2 große Kartoffeln
1 Stange Lauch
3–4 Stangen Bleichsellerie
2 kleine Kohlrabi
250 g junge Möhren
1 kleiner Blumenkohl (etwa 250 g)
150 g tiefgekühlte Erbsen
2 Eßl. Butter
etwa 1 1/2 l Fleischbrühe
300 g gekochter Schinken (in dicken Scheiben)
1 großes Bund gemischte Gartenkräuter (Petersilie, Schnittlauch, Dill, Kerbel, Thymian, Borretsch, Liebstöckel)
weißer Pfeffer, frisch gemahlen
Streuwürze

Braucht etwas Zeit

Bei 6 Personen pro Portion etwa: 1200 kJ/290 kcal
20 g Eiweiß · 11 g Fett
26 g Kohlenhydrate

- Zubereitungszeit: etwa
  2 Stunden

1. Die Kartoffeln schälen, abspülen und klein würfeln. Den Lauch putzen, längs aufschlitzen, gründlich abspülen und die weißen und hellgrünen Teile in Ringe schneiden. Die Selleriestangen abspülen und kleinschneiden. Den Kohlrabi und die Möhren schälen und in gleich große Würfel schneiden. Den Blumenkohl putzen, in kleine Röschen zerteilen und waschen.

2. In einem großen Topf die Butter erhitzen. Den Lauch darin bei schwacher Hitze kurz andünsten. Das Gemüse und die Kartoffeln hinzufügen und mit der Brühe aufgießen. Alles zugedeckt bei schwacher Hitze etwa 20 Minuten köcheln lassen. (Machen Sie eine Garprobe, das Gemüse sollte noch Biß haben!)

3. Den Schinken in kleine Würfel schneiden. Die Kräuter waschen und fein hacken. Den Eintopf mit Pfeffer und Streuwürze abschmecken, den Schinken und die Kräuter untermischen.

*Im Bild vorne:
Tomatensuppe mit Reis
Im Bild hinten: Gemüse-Eintopf*

Kartoffel-suppe

Zutaten für 4–6 Personen:

2 Stangen Lauch

2 Petersilienwurzeln

3 Möhren · 1/2 Sellerieknolle

150 g Räucherspeck

2 Zwiebeln · 2 Knoblauchzehen

1 kg Kartoffeln

2 Eßl. Schweineschmalz

2 l heiße Fleischbrühe

2 Lorbeerblätter

6 Pimentkörner

1/2 Teel. gemahlener Kümmel

je 1/4 Teel. getrockneter Majoran und Thymian

Salz · 1 Bund glatte Petersilie

Muskatnuß, frisch gerieben

Streuwürze

schwarzer Pfeffer, frisch gemahlen

Gelingt leicht

Bei 6 Portionen pro Portion
etwa: 1500 kJ/360 kcal
9 g Eiweiß · 22 g Fett
32 g Kohlenhydrate

• Zubereitungszeit: etwa
2 Stunden

1. Den Lauch putzen, längs aufschlitzen, waschen und in feine Ringe schneiden. Petersilienwurzeln, Möhren und Sellerie waschen, schälen und kleinschneiden. Den Speck klein würfeln. Zwiebeln, Knoblauch und Kartoffeln schälen und klein würfeln.

2. Das Schmalz erhitzen, den Speck darin anbraten. Lauch und Zwiebeln dazugeben und bei schwacher Hitze glasig anschwitzen. Dann das übrige Gemüse und die Kartoffeln hinzufügen und alles unter Rühren andünsten. Die Fleischbrühe dazugießen. Lorbeerblätter, Pimentkörner, Kümmel, Majoran, Thymian und Salz hinzufügen und die Suppe etwa 30 Minuten kochen lassen.

3. Die Petersilie waschen. Die Blättchen abzupfen und fein hacken. Die Kartoffelsuppe mit Muskatnuß, Streuwürze und Pfeffer kräftig abschmecken. Mit dem Pürierstab kurz durchpürieren und mit der Petersilie bestreut servieren. Dazu paßt ein kräftiges Bauernbrot.

Brotsuppe mit Leberwurst

Zutaten für 4 Personen:

300 g dunkles Brot

1 Bund Suppengrün

1 Zwiebel · 2 Knoblauchzehen

100 g kräftige Leberwurst (Pfälzer, Thüringer Hausmacher Wurst)

2 Eßl. Schweineschmalz

1 1/2 l Fleischbrühe

1/4 Teel. gemahlener Kümmel

1/4 Teel. getrockneter Majoran

schwarzer Pfeffer, frisch gemahlen

1 Bund Schnittlauch

Preiswert

Pro Portion etwa:
1400 kJ/330 kcal
10 g Eiweiß · 16 g Fett
38 g Kohlenhydrate

• Zubereitungszeit: etwa
45 Minuten

1. Das Brot in kleine Stücke schneiden. Das Suppengrün abspülen und kleinschneiden. Die Zwiebel und den Knoblauch schälen und in kleine Würfel schneiden. Die Leberwurst kleinschneiden.

2. Das Schmalz in einem Topf erhitzen. Gemüse, Zwiebel- und Knoblauchwürfel darin unter Rühren anschwitzen. Brot, Brühe und Leberwurst hinzufügen. Mit Kümmel, Majoran und Pfeffer pikant würzen. Die Suppe etwa 15 Minuten köcheln lassen.

3. Den Schnittlauch abspülen und in kleine Röllchen schneiden. Über die fertige Suppe streuen.

Variante:
Schlesische Brotsuppe
Die Suppe zubereiten wie im Rezept beschrieben. Mit dem Pürierstab fein pürieren. Als Suppeneinlage kleingeschnittenes Dörrobst wie Apfelringe, Birnen oder Backpflaumen hineingeben und kurz ziehen lassen.

Im Bild vorne: Kartoffelsuppe
Im Bild hinten:
Brotsuppe mit Leberwurst

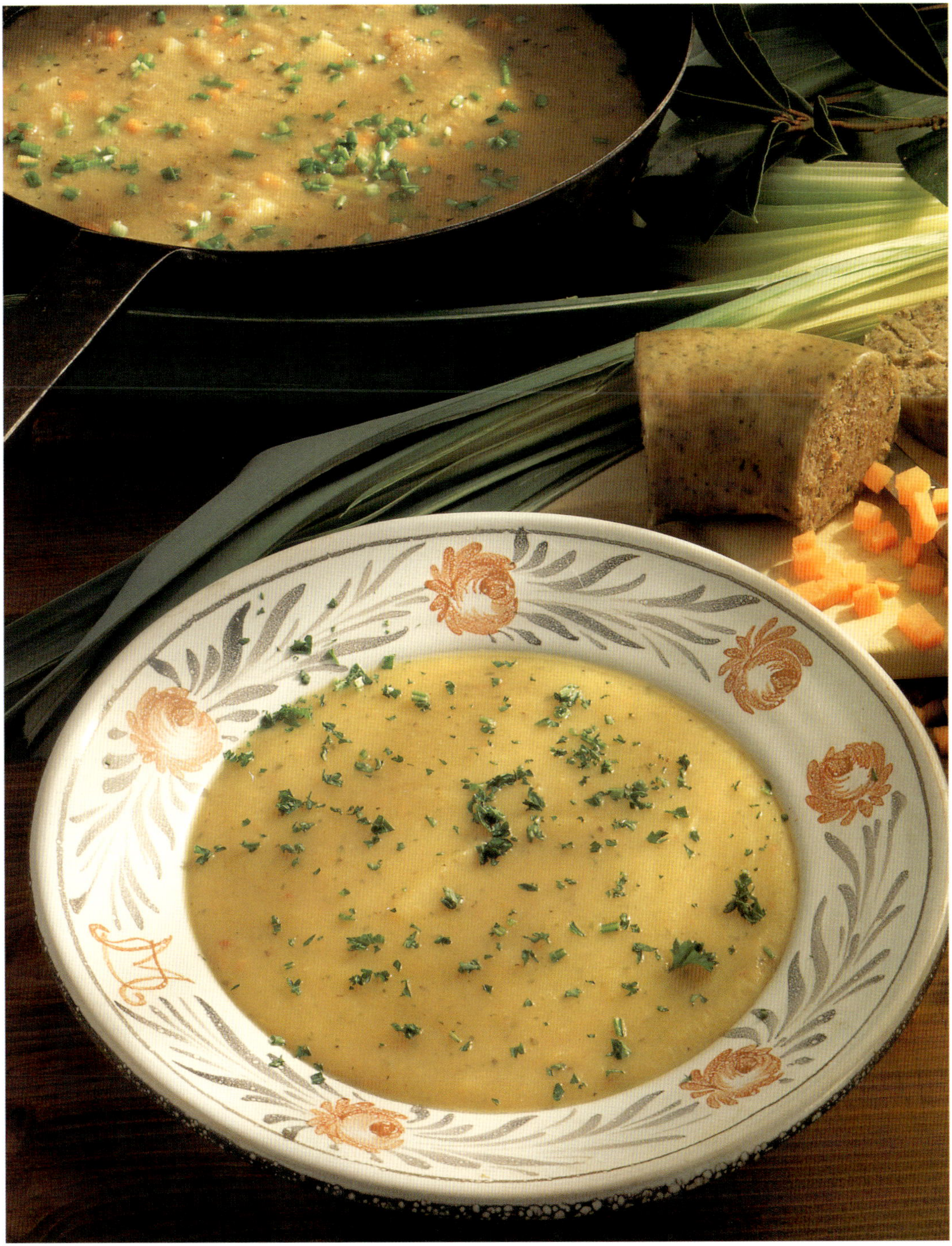

Nudelsuppe mit Huhn

»Eine gute Suppe ist die Geliebte des Magens ...«

Zutaten für 4 Personen:

1 frisches küchenfertiges Suppenhuhn (etwa 1,2 kg)

Salz

2 Möhren

1 Stange Lauch

1 Zwiebel

1 Lorbeerblatt

2 Gewürznelken

250 g Bandnudeln

Streuwürze

Muskatnuß, frisch gerieben

schwarzer Pfeffer, frisch gemahlen

1 Bund glatte Petersilie

**Braucht etwas Zeit
Gelingt leicht**

Pro Portion etwa:
3200 kJ/760 kcal
47 g Eiweiß · 43 g Fett
50 g Kohlenhydrate

• Zubereitungszeit: etwa 3 Stunden

1. Das Huhn innen und außen gründlich waschen. Dann in einen Suppentopf legen und mit kaltem Wasser bedecken. Alles langsam zum Kochen bringen. Den beim Kochen aufsteigenden Schaum mehrmals abschöpfen.

2. Die Hitze reduzieren. Etwa 1 Eßlöffel Salz in den Topf geben. Dann das Huhn bei schwacher Hitze zugedeckt etwa 1 Stunde sanft köcheln lassen.

3. Die Möhren schälen und abspülen. Den Lauch putzen, längs aufschlitzen, gründlich abspülen und in Stücke schneiden. Die Zwiebel schälen. Das Lorbeerblatt mit den Nelken daran feststecken. Das Gemüse in die Suppe geben und alles noch 1/2–1 Stunde köcheln lassen.

4. Die Nudeln nach Packungsanweisung bißfest garen. Nach dem Kochen mit kaltem Wasser abschrecken und zur Seite stellen.

5. Das fertige Huhn aus der Brühe nehmen (siehe Tip). Das Fleisch von den Knochen lösen. Dabei die Haut entfernen und zur Seite stellen. Das Hühnerfleisch in kleine, mundgerechte Stücke schneiden.

6. Die Brühe durch ein Sieb in einen zweiten Topf gießen. Die Möhren in kleine Würfel schneiden. Nudeln, Hühnerfleisch und Möhren in die Brühe geben. Die Suppe nochmals aufkochen lassen, mit Streuwürze, Muskatnuß und Pfeffer abschmecken.

7. Die Petersilie abspülen. Die Blättchen abzupfen und fein hacken. Jede Portion reichlich mit der Petersilie bestreuen.

Tips!

Wenn Sie kein frisches Huhn bekommen, können Sie auch ein tiefgekühltes Huhn verwenden. Das Huhn am besten im Kühlschrank über Nacht langsam auftauen lassen und sehr gründlich waschen. Bei einem tiefgekühlten Huhn verlängert sich die Garzeit eventuell um etwa 30 Minuten. So erkennen Sie, ob das Huhn gar ist: Läßt das Fleisch sich leicht von den Knochen lösen, können Sie das Huhn aus der Brühe nehmen. Statt dem Huhn etwa 750 g Hühnerklein (Hälse, Flügel, Mägen) verwenden. Die zur Seite gestellte Hühnerhaut in dünne Streifen schneiden. In Butter knusprig ausbraten und auf Küchenpapier abtropfen lassen. Über die fertige Suppe streuen. Oder (wie Röstzwiebeln) über Sauerkraut, Wirsinggemüse, Bratkartoffeln oder Suppe von Hülsenfrüchten streuen.

Selbstgemachte Hühnerbrühe mit Nudeln, Möhren und zartem Hähnchenfleisch: das schmeckt groß und klein.

Süß-saure Linsensuppe

Zutaten für 4–6 Personen:

400 g braune Linsen

1 Stange Lauch · 2 Möhren

1/4 Sellerieknolle

1 Petersilienwurzel

2 große Kartoffeln

4 Eßl. Schweineschmalz

1 Lorbeerblatt

1/2 Teel. getrockneter Majoran

Salz · 3 Zwiebeln

400 g Blutwurst

1 Bund Schnittlauch

4 Eßl. Essig · 1–2 Eßl. Zucker

schwarzer Pfeffer, frisch gemahlen

Läßt sich gut vorbereiten

Bei 6 Personen pro Portion etwa: 2500 kJ/600 kcal
26 g Eiweiß · 31 g Fett
52 g Kohlenhydrate

- Zubereitungszeit: etwa 1 1/2 Stunden
- Einweichzeit: 2–3 Stunden

1. Die Linsen abspülen, mit reichlich Wasser bedecken und 2–3 Stunden einweichen.

2. Den Lauch putzen, längs aufschlitzen und abspülen. Möhren, Sellerieknolle, Petersilienwurzel und Kartoffeln schälen und abspülen. Lauch und Möhren in dünne Scheiben, restliches Gemüse in kleine Würfel schneiden.

3. 2 Eßlöffel Schmalz erhitzen. Das Gemüse (ohne Kartoffeln) darin andünsten. Die Linsen mit dem Einweichwasser dazugeben. Lorbeerblatt, Majoran und etwas Salz hinzufügen. Alles etwa 20 Minuten köcheln lassen. Die Kartoffeln dazugeben. Alles weitere 20 Minuten garen.

4. Die Zwiebeln schälen und in feine Ringe schneiden. Die Blutwurst pellen und in etwa 1 cm dicke Scheiben schneiden. Das restliche Schmalz erhitzen. Die Blutwurst darin knusprig braten und herausnehmen. In dem Bratfett die Zwiebeln goldgelb braten.

5. Den Schnittlauch abspülen und kleinschneiden. Die Suppe mit Essig, Zucker und Pfeffer abschmecken. In Suppenteller füllen. Auf jede Portion einige Blutwurstscheiben, Zwiebelringe und etwas Schnittlauch geben.

Erbsen-Eintopf

Zutaten für 4–6 Personen:

400 g grüne, ungeschälte getrocknete Erbsen

500 g Pökelfleisch (Eisbein, Spitzbein, Rippchen)

1–2 Speckschwarten

1/2 Teel. getrockneter Majoran

Salz · 1 Lorbeerblatt

2 Möhren · 1/4 Sellerieknolle

1 Petersilienwurzel

2 Kartoffeln · 1 Zwiebel

1 Stange Lauch

100 g Räucherspeck

2 Eßl. Schweineschmalz

schwarzer Pfeffer, frisch gemahlen

2 Eßl. gehackte glatte Petersilie

Braucht etwas Zeit

Bei 6 Personen pro Portion etwa: 2600 kJ/620 kcal
36 g Eiweiß · 31 g Fett
40 g Kohlenhydrate

- Zubereitungszeit: etwa 2 1/2 Stunden
- Einweichzeit: über Nacht

1. Am Vortag die Erbsen abspülen und in 2 l kaltem Wasser über Nacht einweichen.

2. Das Fleisch abspülen, mit dem Einweichwasser, den Speckschwarten, dem Majoran, Salz und Lorbeerblatt zum Kochen bringen und etwa 2 Stunden köcheln lassen, dabei öfter umrühren.

3. Möhren, Sellerie, Petersilienwurzel, Kartoffeln und Zwiebel schälen, abspülen und würfeln. Den Lauch putzen, längs aufschlitzen und abspülen. Lauch und Speck würfeln. Das Schmalz erhitzen. Den Speck darin anbraten. Die Gemüsewürfel dazugeben, mit durchrösten und zur Seite stellen.

4. Sind die Erbsen fast weich, das Gemüse hinzufügen. Noch etwa 20 Minuten köcheln lassen. Das Fleisch herausnehmen, von Knochen und Knorpeln befreien, in kleine Streifen schneiden und wieder zu den Erbsen geben. Den Eintopf mit Pfeffer abschmecken und mit der Petersilie bestreuen.

Im Bild vorne: Erbsen-Eintopf
Im Bild hinten:
Süß-saure Linsensuppe

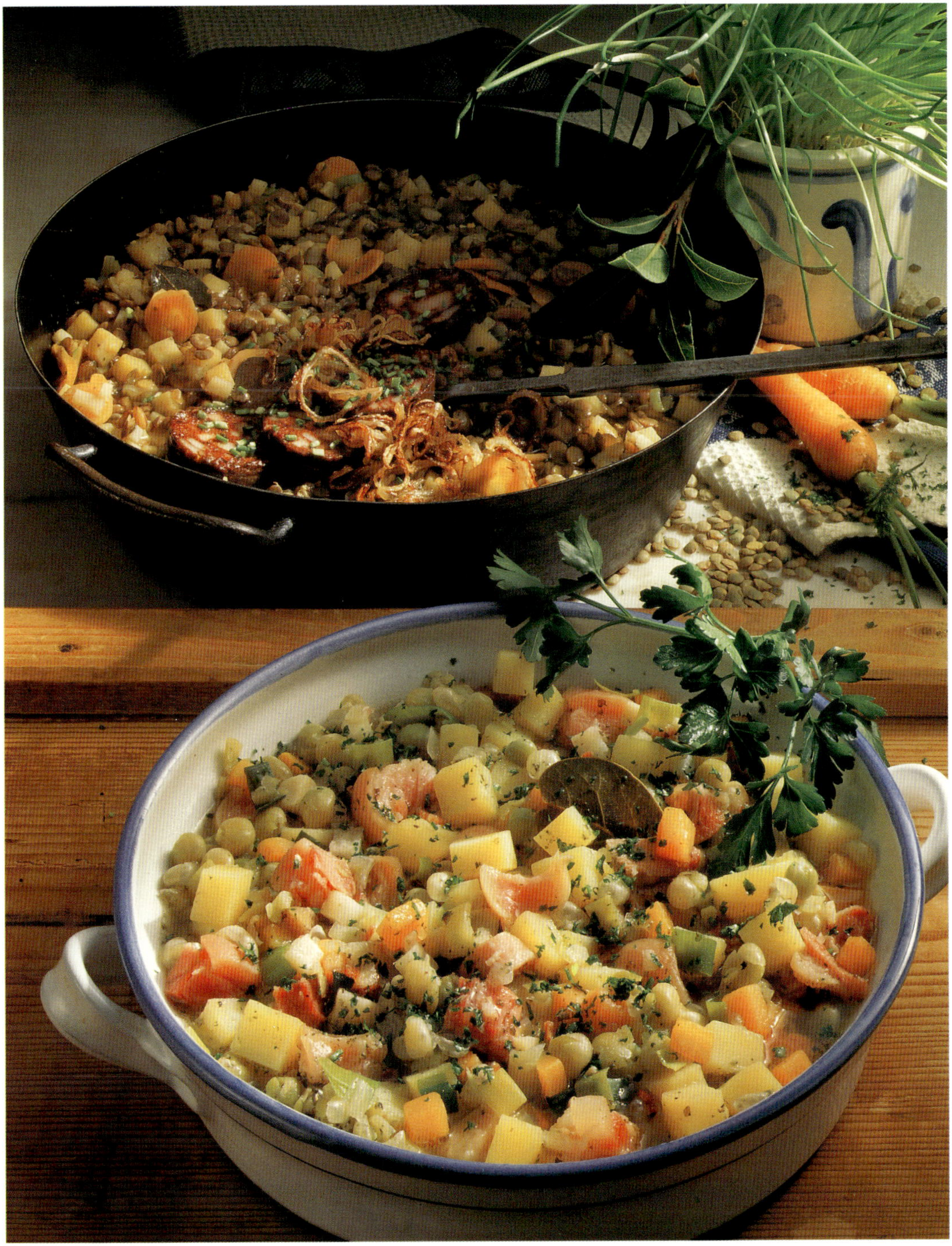

Marthas Eiersalat

Zutaten für 4 Personen:
8 Eier
4 Gewürzgurken (aus dem Glas)
3 kleine Äpfel
2 Tomaten
1 Zwiebel
4 Sardellenfilets
1 kleine Dose Maiskörner (170 g Abtropfgewicht)
einige Salatblätter
125 g Mayonnaise
150 g Joghurt
schwarzer Pfeffer, frisch gemahlen
Zucker
1/2 Bund Schnittlauch

Gelingt leicht

Pro Portion etwa:
2300 kJ/550 kcal
20 g Eiweiß · 41 g Fett
25 g Kohlenhydrate

• Zubereitungszeit: etwa
30 Minuten

1. Die Eier in 8–10 Minuten hart kochen, kalt abschrecken und schälen. Die Gurken grob würfeln. Die Äpfel schälen, vierteln und die Kerngehäuse entfernen. Die Viertel in Stückchen schneiden. Die Tomaten abspülen und achteln, dabei die Stielansätze entfernen. Die Zwiebel schälen und fein reiben. Die Sardellenfilets fein hacken. Den Mais abtropfen lassen. Die Salatblätter waschen und abtropfen lassen.

2. Mayonnaise und Joghurt verrühren. Mit der Zwiebel, den Sardellenfilets, Pfeffer und 1 Prise Zucker pikant abschmecken. Gurken- und Apfelstückchen sowie den Mais untermischen.

3. Die Eier halbieren und in schmale Spalten schneiden. Eine Platte mit den abgespülten Salatblättern auslegen. Eier und Tomatenachtel darauf anrichten. Die Salatsauce darüber verteilen. Den Schnittlauch waschen und in kleine Röllchen schneiden. Den Eiersalat damit bestreuen und bis zum Servieren kalt stellen. Dazu paßt Graubrot oder Fladenbrot.

Eierkuchen

Zutaten für 3–4 Personen:
1/2 l Milch
4 Eier
300 g Mehl
Salz
3–4 Eßl. Mineralwasser
Zum Braten: Butterschmalz oder neutrales Öl
Zum Bestreuen: Zucker oder Zimt-Zucker

Schmeckt Kindern

Bei 4 Personen pro Portion etwa: 1900 kJ/450 kcal
16 g Eiweiß · 15 g Fett
66 g Kohlenhydrate

• Zubereitungszeit: etwa
30 Minuten

1. Die Milch in ein hohes Gefäß gießen, die Eier dazugeben und beides mit einem Schneebesen kräftig verrühren. Das Mehl, 2 Prisen Salz und das Mineralwasser hinzufügen. Alles gründlich verrühren und den Teig etwa 20 Minuten ruhen lassen.

2. Etwas Fett in einer mittelgroßen Pfanne erhitzen und eine kleine Schöpfkelle Teig darin verteilen. Darauf achten, daß die Ränder ausgefüllt sind, die Eierkuchen sollten weder zu dünn, noch zu dick gebacken werden. Werden die Ränder goldbraun, den Eierkuchen vorsichtig wenden und fertig backen.

3. Die Eierkuchen zugedeckt warm stellen, bis alle Eierkuchen fertig sind. Dann mit Zucker oder Zimt-Zucker bestreuen. Dazu paßt Kompott.

Varianten:
Den Teig in die Pfanne geben, einige Apfelscheiben (Boskop) hineindrücken und mitbacken.
Oder die Eierkuchen mit Nußnougatcreme, Marmelade oder einem Frucht-Sahne-Quark bestreichen, aufrollen.

Tip!
Den Teig mit den Eigelben anrühren, die Eiweiße zu festem Schnee schlagen und unterziehen. So wird der Teig besonders locker.

Im Bild vorne: Marthas Eiersalat
Im Bild hinten: Eierkuchen

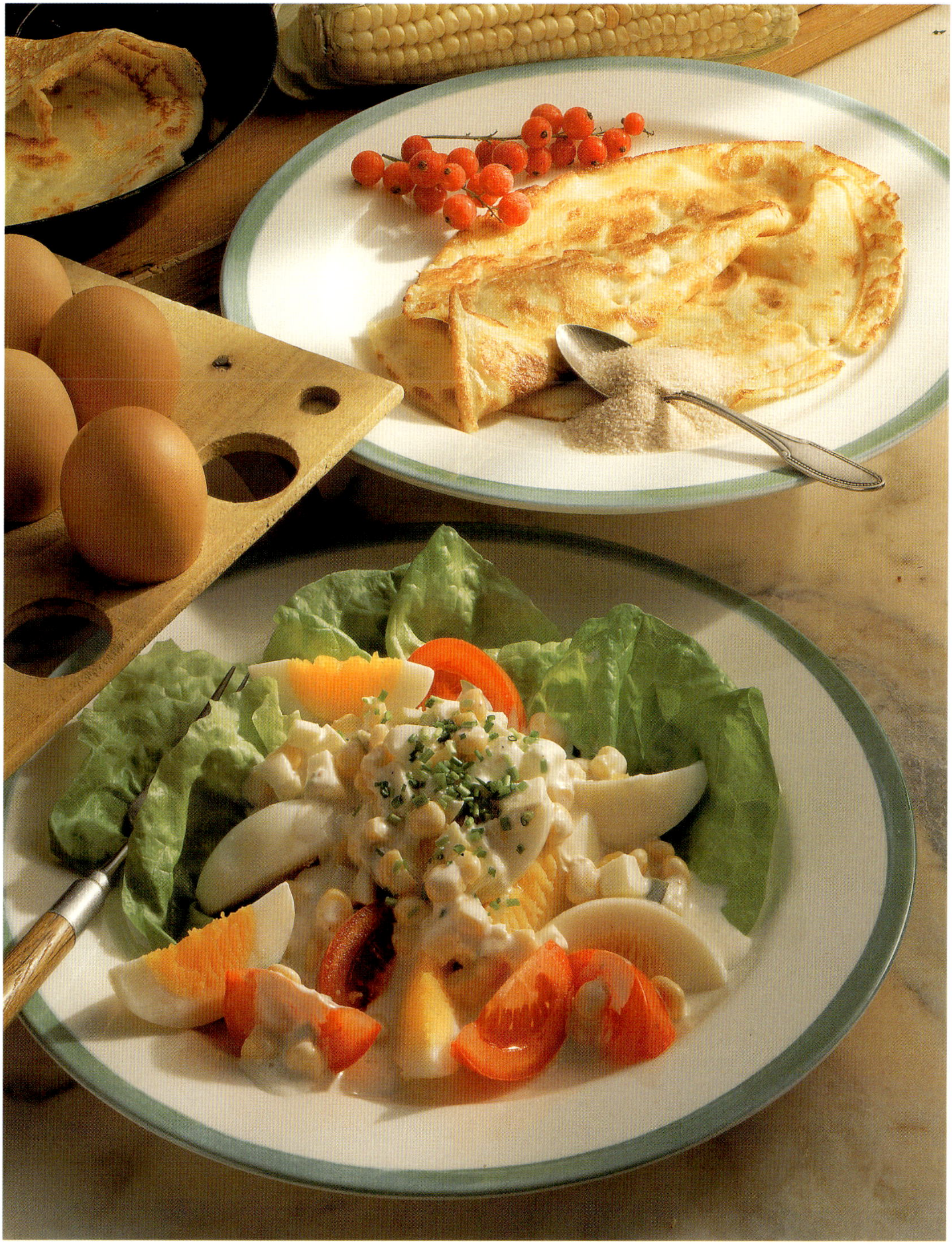

Herzhafter Kartoffelsalat

Zutaten für 4 Personen:

1 kg vorwiegend festkochende Kartoffeln

1 Teel. Kümmel · 80 g Speck

2 kleine Zwiebeln

4 kleine Gewürzgurken (aus dem Glas)

3 Eßl. neutrales Öl

1/4 l Fleischbrühe

1 Eßl. scharfer Senf

2–3 Eßl. Essig · 1/2 Teel. Zucker

Pfeffer, frisch gemahlen · Salz

3 Eßl. Gewürzgurken-Sud (aus dem Glas)

Zum Garnieren:

1 Bund Schnittlauch

1 Tomate · 1 hartgekochtes Ei

Preiswert

Pro Portion etwa:
1600 kJ/380 kcal
9 g Eiweiß · 21 g Fett
40 g Kohlenhydrate

• Zubereitungszeit: etwa
1 Stunde

1. Die Kartoffeln waschen. In einen Topf geben, mit Wasser bedecken und den Kümmel dazugeben. Die Kartoffeln in etwa 20 Minuten weich kochen. Das Wasser abgiessen, die Kartoffeln ausdampfen lassen.

2. Den Speck in kleine Würfel schneiden. Die Zwiebeln schälen und klein würfeln. Die Gurken in kleine Scheiben schneiden. 1 Eßlöffel Öl erhitzen. Den Speck darin knusprig braun braten. Die Kartoffeln pellen und in dünne Scheiben schneiden.

3. Die Brühe erhitzen, mit dem restlichen Öl, Senf, Essig, Zucker, Pfeffer und 2 Prisen Salz verquirlen. Zwiebeln, Gurken und Gurken-Sud, Kartoffeln und Speck gut untermischen. Den Kartoffelsalat zugedeckt mindestens 1 Stunde durchziehen lassen.

4. Den Schnittlauch waschen, trockenschütteln und in kleine Röllchen schneiden. Die Tomate waschen und achteln, dabei den Stielansatz entfernen. Das Ei pellen und in Scheiben schneiden. Den Salat damit garnieren. Mit dem Schnittlauch bestreuen und als Beilage zu Würstchen, Frikadellen oder gegrilltem Fleisch servieren.

Deftiger Wurstsalat

Zutaten für 4–6 Personen:

800 g Fleischwurst (ersatzweise Jagdwurst, Bockwurst oder Wiener)

4–5 mittelgroße Gewürzgurken (aus dem Glas)

3 kleine Zwiebeln

2 Eßl. Kapern · 2 Eßl. Senf

4 Eßl. Weinessig

6 Eßl. Gewürzgurken-Sud (aus dem Glas)

4 Eßl. Öl

2 Eßl. Meerrettich (aus dem Glas)

Salz · Pfeffer, frisch gemahlen

Zucker · 1 Bund Schnittlauch

Läßt sich gut vorbereiten

Bei 6 Personen pro Portion etwa: 1900 kJ/450 kcal
14 g Eiweiß · 44 g Fett
3 g Kohlenhydrate

• Zubereitungszeit: etwa
45 Minuten

1. Die Wurst häuten und in dünne Scheiben schneiden. Die Gurken klein würfeln. Die Zwiebeln schälen und in feine Ringe schneiden. Die Kapern grob hacken.

2. In einer Schüssel den Senf mit dem Essig und dem Gurken-Sud verrühren. Dann das Öl, den Meerrettich und die Kapern dazugeben. Mit Salz, Pfeffer und etwa 2 Prisen Zucker kräftig abschmecken.

3. Wurstscheiben, Gurken und Zwiebelringe in die Marinade geben. Alles gut durchmischen und 1–2 Stunden ziehen lassen. Den Schnittlauch waschen, in kleine Röllchen schneiden und den Salat damit bestreuen. Dazu schmeckt ein kräftiges Bauernbrot mit Butter.

Im Bild vorne: Deftiger Wurstsalat
Im Bild hinten:
Herzhafter Kartoffelsalat

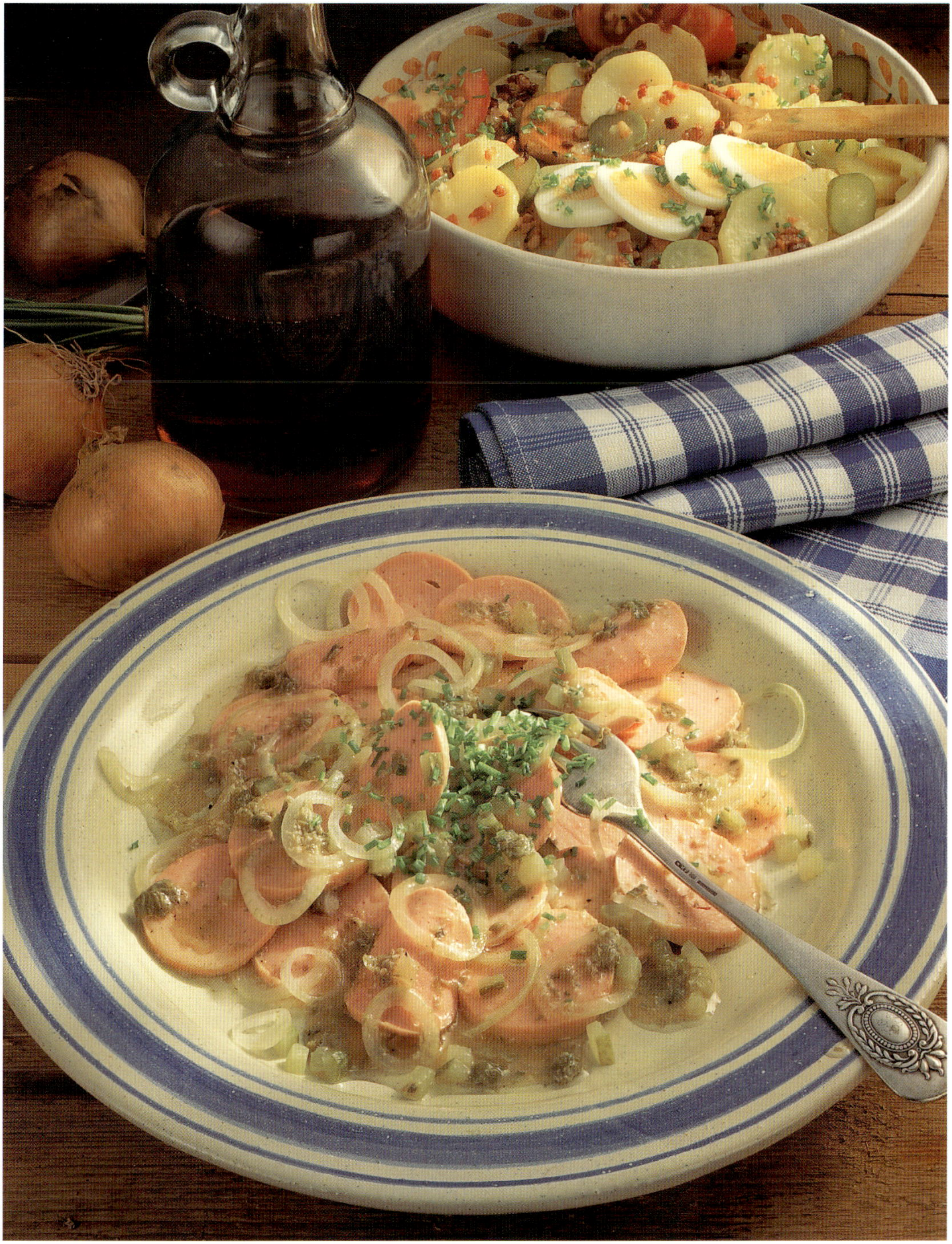

Eier in Senfsauce

Zutaten für 4 Personen:
2 Eßl. Butter · 3 Eßl. Mehl
1/4 l heiße Fleischbrühe
1/4 l heiße Milch
8 frische Eier
3–4 Eßl. mittelscharfer Senf
1 1/2 Eßl. Weißweinessig
1 Teel. Zucker
weißer Pfeffer, frisch gemahlen
Streuwürze · 100 g Sahne
1 Eßl. frisch gehackte Petersilie

Würzig

Pro Portion etwa:
1600 kJ/380 kcal
17 g Eiweiß · 29 g Fett
12 g Kohlenhydrate

• Zubereitungszeit: etwa
30 Minuten

1. Die Butter in einem Topf zerlassen. Das Mehl unter Rühren einstreuen und leicht anbräunen lassen. Unter ständigem Rühren die Fleischbrühe und die Milch dazugießen Die Sauce etwa 4 Minuten bei schwacher Hitze köcheln lassen.

2. Die Eier in etwa 5 Minuten wachsweich kochen. Kalt abschrecken und schälen.

3. Die Sauce mit Senf, Essig, Zucker, Pfeffer und Streuwürze pikant abschmecken. Mit der Sahne verfeinern, nicht mehr kochen lassen.

4. Die Eier längs halbieren. Auf jeden Teller 4 Eihälften legen und mit der heißen Sauce umgießen. Mit etwas Petersilie bestreuen. Mit Salzkartoffeln und einem frischen Salat servieren.

Variante:
Eier in Specksauce
Speck- und Zwiebelwürfel in etwas Butter hellbraun braten. Mehl darüber stäuben, braun anschwitzen, mit Wasser ablöschen, mit Zucker, Rotweinessig, Salz und Pfeffer pikant abschmecken.

Schinkennudeln mit Kopfsalat

Zutaten für 4 Personen:
Für den Salat:
1 Kopfsalat
2 Eßl. Butter · 1 Zitrone
1 1/2 Eßl. Zucker · Salz
Für die Schinkennudeln:
Salz
400 g Spiral- oder Hörnchennudeln
300 g Saftschinken in dicken Scheiben
1 kleine Zwiebel · 2 Eßl. Butter
200 g Sahne
schwarzer Pfeffer, frisch gemahlen
1 Prise Cayennepfeffer
2 Eßl. frisch gehackter Schnittlauch

Schmeckt Kindern

Pro Portion etwa:
3300 kJ/790 kcal
30 g Eiweiß · 41 g Fett
78 g Kohlenhydrate

• Zubereitungszeit: etwa
30 Minuten

1. Den Kopfsalat putzen, waschen und abtropfen lassen. Die Butter anbräunen und zur Seite stellen. Die Zitrone auspressen.

2. Für die Nudeln in einem großen Topf reichlich Salzwasser aufkochen lassen. Die Nudeln darin nach Packungsanweisung bißfest garen, kalt abschrecken und abtropfen lassen.

3. Den Schinken in kleine Würfel schneiden. Die Zwiebel schälen und klein würfeln. Die Butter in einer großen Pfanne erhitzen. Die Zwiebelwürfel darin glasig dünsten. Den Schinken hinzufügen, kurz durchschwenken und die Sahne dazugießen.

4. Die Sauce cremig einkochen lassen, mit Pfeffer und Cayennepfeffer würzen. Die Nudeln unter die Sauce mischen und auf vier vorgewärmte Teller verteilen. Über jede Portion etwas Schnittlauch streuen.

5. Den Kopfsalat mit Butter und Zitronensaft begießen, mit Zucker und Salz bestreuen und alles vermengen. Den Salat getrennt zu den Schinkennudeln reichen.

Bild oben: Eier in Senfsauce
Bild unten:
Schinkennudeln mit Kopfsalat

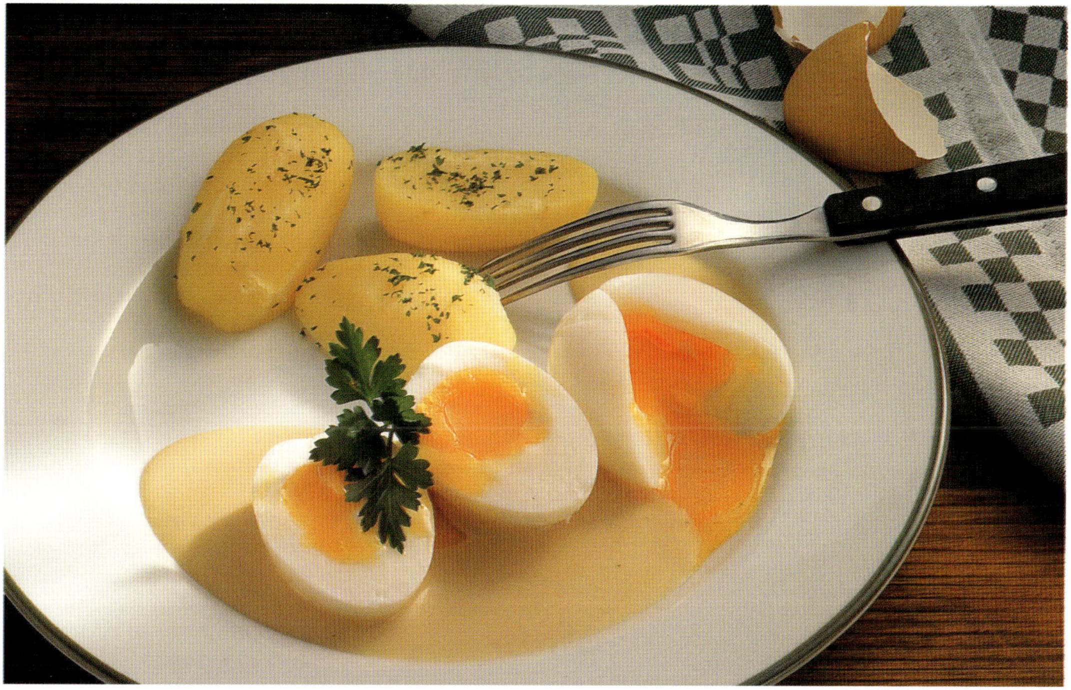

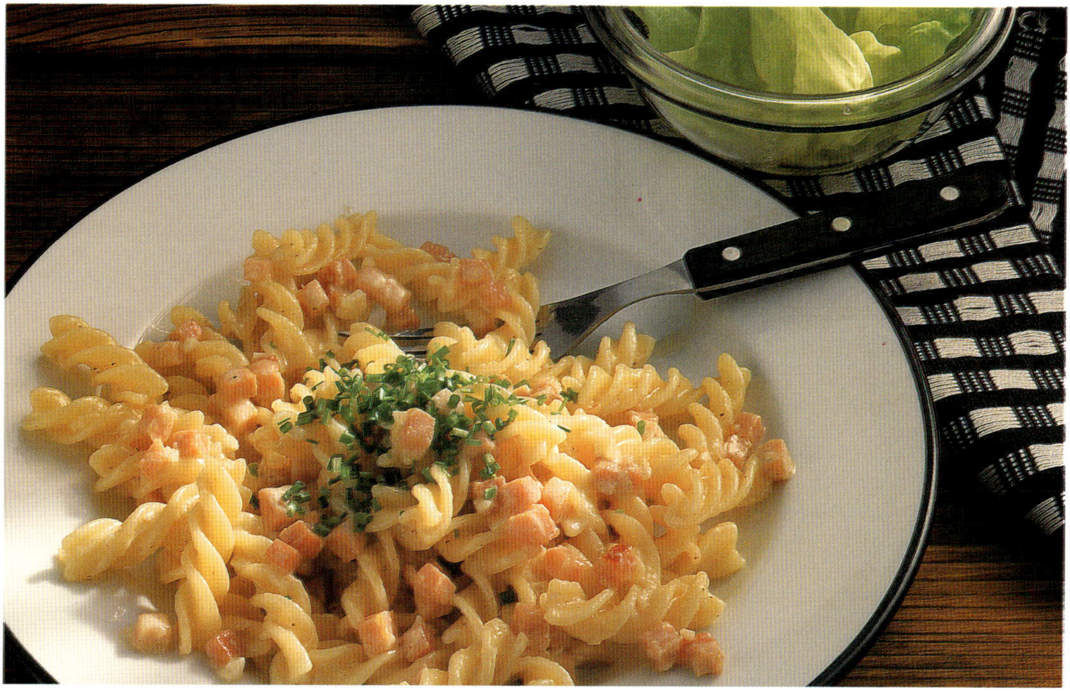

Pellkartoffeln mit Quark

»Was macht den Spreewälder stark? Kneedeln, Leinell und Quark!«

Zutaten für 4 Personen:
1 kg kleine, neue mehligkochende Kartoffeln
1 1/2 Teel. Kümmel
500 g Quark (20 % Fett i. Tr.)
1/8 l Milch
2 kleine Zwiebeln · Salz
weißer Pfeffer, frisch gemahlen
1/4 Teel. Paprikapulver, edelsüß
1 Bund Schnittlauch
Nach Belieben:
Paprikapulver zum Bestreuen
frisch gepreßtes Leinöl (Reformhaus)
Butter

Gelingt leicht
Pro Portion etwa:
1700 kJ/400 kcal
22 g Eiweiß · 14 g Fett
45 g Kohlenhydrate

• Zubereitungszeit: etwa 45 Minuten

1. Die Kartoffeln waschen. In einen großen Topf geben. 2–3 cm hoch Wasser angießen. 1 Teelöffel Kümmel dazugeben. Alles aufkochen lassen. Die Kartoffeln dann in etwa 20 Minuten bei schwacher Hitze garen.

2. Während die Kartoffeln kochen, den Quark zubereiten. Den Quark in eine Schüssel geben und mit der Milch cremig rühren. Die Zwiebeln schälen und in kleine Würfel schneiden. Unter den Quark mischen und mit Salz, Pfeffer, Paprikapulver und dem restlichen Kümmel pikant abschmecken. Den Schnittlauch waschen und in kleine Röllchen schneiden. Den Quark mit dem Schnittlauch und nach Belieben mit Paprikapulver bestreuen.

3. Sind die Pellkartoffeln gar, das Wasser abgießen. Die Kartoffeln ausdampfen lassen. In eine Schüssel füllen und mit der Schale zu Tisch bringen. Jeder pellt sich seine Kartoffeln selbst und nimmt nach Belieben zum Quark noch Leinöl oder Butter dazu.

Kartoffelpuffer

Zutaten für 4 Personen:
1 1/2 kg große mehligkochende Kartoffeln
2 mittelgroße Zwiebeln
2 Eier · 2 Eßl. Mehl
1 Teel. Salz
schwarzer Pfeffer, frisch gemahlen
Zum Braten: Öl oder Butterschmalz

Preiswert
Pro Portion etwa:
1600 kJ/380 kcal
11 g Eiweiß · 11 g Fett
61 g Kohlenhydrate

• Zubereitungszeit: etwa 1 Stunde

1. Die Kartoffeln schälen, abspülen und fein reiben. Die Zwiebeln schälen und zu den Kartoffeln reiben (oder in feine Ringe schneiden).

2. Die Eier, das Mehl, das Salz und etwas Pfeffer unter die Kartoffelmasse rühren und alles gut vermischen.

3. In einer großen (möglichst beschichteten) Pfanne 3 Eßlöffel Öl oder Schmalz erhitzen. Je Puffer etwa 2 Eßlöffel Kartoffelmasse hineingeben und flachstreichen. Die Puffer bei mittlerer Hitze braten.

4. Wenn der Teig nach etwa 4 Minuten an den Rändern braun wird, die Puffer wenden und in weiteren 4–5 Minuten fertigbraten. So verfahren, bis der Teig verbraucht ist, dabei immer wieder etwas Fett in die Pfanne geben.

Tip!
Kartoffelpuffer schmecken heiß und frisch aus der Pfanne am besten – mit Zucker bestreut, mit Apfelmus oder anderem Kompott, mit Rübenkraut, mit Sauerkraut oder einem bunten Salat. Aber auch als Beilage zu Fleischgerichten mit gebundenen Saucen sind sie eine echte Delikatesse!

Im Bild vorne: Kartoffelpuffer
Im Bild hinten:
Pellkartoffeln mit Quark

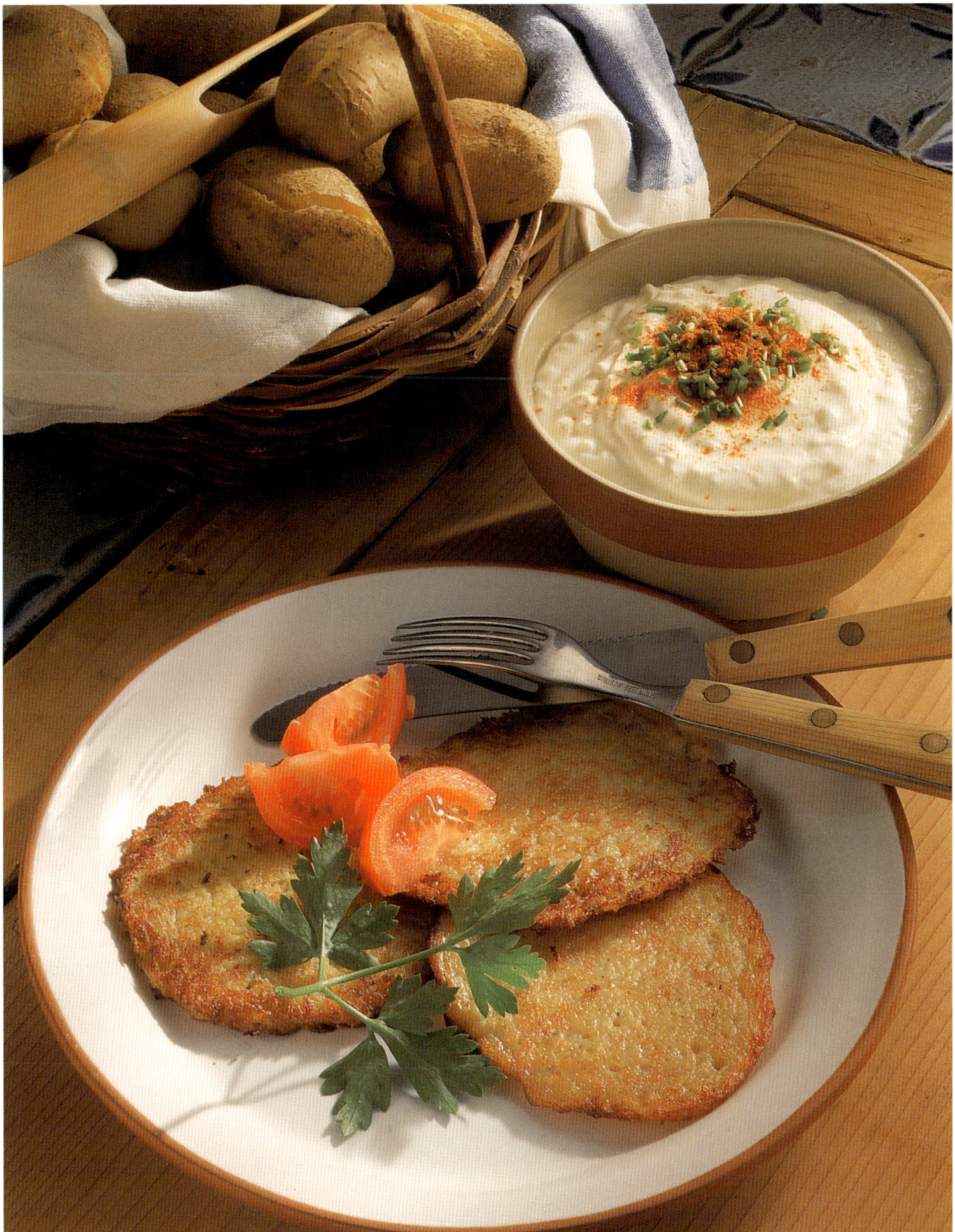

Semmelknödel mit Pilzen

Zutaten für 4–6 Personen:

Für die Knödel:

6–8 Semmeln (Brötchen) vom Vortag

1/4 l heiße Milch · 1 Zwiebel

1 Eßl. Butter · Salz

1 Teel. abgeriebene Schale einer unbehandelten Zitrone

schwarzer Pfeffer, frisch gemahlen

Muskatnuß, frisch gerieben

2 Eßl. frisch gehackte Petersilie

4 kleine Eier

Für die Pilze:

etwa 600 g gemischte Pilze (Steinpilze, Pfifferlinge, Egerlinge)

1 Zwiebel

3 Eßl. Butter

Salz

schwarzer Pfeffer, frisch gemahlen

1/2 Eßl. Mehl

1/4 l Fleischbrühe

250 g Sahne

Braucht etwas Zeit

Bei 6 Personen pro Portion etwa: 2000 kJ/480 kcal 14 g Eiweiß · 28 g Fett 40 g Kohlenhydrate

• Zubereitungszeit: etwa 2 1/2 Stunden

1. Für die Knödel die Brötchen in dünne Scheiben schneiden, mit der Milch begießen und zugedeckt etwa 30 Minuten quellen lassen. Die Zwiebel schälen und klein würfeln. Die Butter erhitzen, die Zwiebelwürfel darin glasig dünsten. Salzwasser zum Kochen bringen.

2. Brötchen, Salz, Zitronenschale, Pfeffer, Muskat, die Hälfte der Petersilie, die Zwiebeln und die Eier vermengen. Aus der Masse mit angefeuchteten Händen kleine Knödel formen. Im siedenden Wasser etwa 20 Minuten bei schwacher Hitze ziehen lassen (Knödel dürfen niemals kochen!).

3. Die Pilze putzen, in Scheiben schneiden. Die Zwiebel schälen und klein würfeln. Die Butter erhitzen und die Zwiebelwürfel darin kurz dünsten. Die Pilze hinzufügen und alles gut durchschwenken. Mit Salz und Pfeffer würzen und etwa 10 Minuten dünsten. Das Mehl darüber streuen. Unter Rühren Fleischbrühe und Sahne dazugießen. Die Sauce etwa 15 Minuten köcheln lassen, bis sie schön sämig ist. Pilze und Semmelknödel auf vorgewärmten Tellern anrichten. Die restliche Petersilie darüber streuen.

Bauernfrühstück

Zutaten für 4 Personen:

700 g gekochte Kartoffeln

80 g Räucherspeck

200 g Fleischwurst

1 Zwiebel · Salz

schwarzer Pfeffer, frisch gemahlen

1/2 Teel. Kümmel · 6 Eier

2 Eßl. frisch gehackter Schnittlauch

Zum Braten: Butterschmalz

Zum Garnieren: Gewürzgurken

Würzig

Pro Portion etwa: 2400 kJ/570 kcal 22 g Eiweiß · 41 g Fett 30 g Kohlenhydrate

• Zubereitungszeit: etwa 30 Minuten

1. Die Kartoffeln pellen und in Scheiben schneiden. Den Speck klein würfeln. Die Wurst häuten, halbieren und in Scheiben schneiden. Die Zwiebel schälen und klein würfeln.

2. Etwa 3 Eßlöffel Fett erhitzen. Den Speck darin anbraten, dann die Wurst und zum Schluß die Zwiebeln kurz mitbraten. Die Kartoffeln hinzufügen, mit Salz, Pfeffer und Kümmel kräftig würzen. Die Kartoffeln in etwa 10 Minuten unter häufigem Wenden knusprig braten.

3. Die Eier mit 3 Eßlöffeln Wasser verquirlen, leicht salzen und pfeffern. Sind die Kartoffeln schön braun und knusprig, die Eier gleichmäßig darüber gießen und bei schwacher Hitze stocken lassen.

4. Das Omelett auf einer vorgewärmten Platte anrichten, mit dem Schnittlauch bestreuen und mit den Gewürzgurken garnieren. Dazu schmeckt Tomatensalat.

Im Bild vorne:
Semmelknödel mit Pilzen
Im Bild hinten: Bauernfrühstück

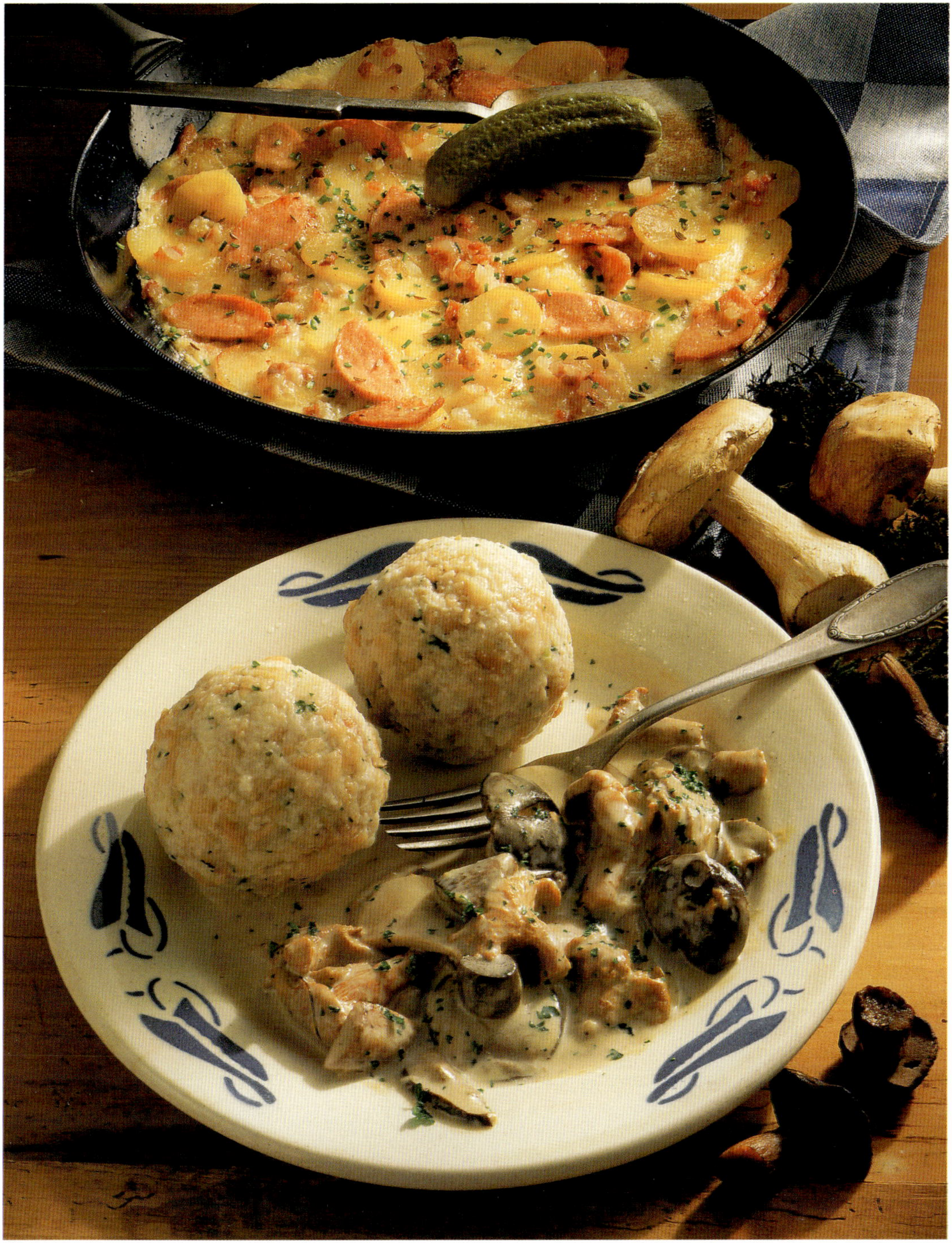

Käsespätzle

Zutaten für 4 Personen:

500 g Mehl · 6 Eier

Salz · 1 Eßl. Öl

4 Zwiebeln

250 g Emmentaler, frisch gerieben

schwarzer Pfeffer, frisch gemahlen

60 g Butter

Preiswert

Pro Portion etwa:
4000 kJ/950 kcal
38 g Eiweiß · 43 g Fett
110 g Kohlenhydrate

- Zubereitungszeit: etwa
  1 Stunde

1. Das Mehl in eine Schüssel sieben. Die Eier und 1/2 Teelöffel Salz hinzufügen. Den Teig rühren, bis er Blasen wirft. Eventuell noch 2–3 Eßlöffel Wasser dazugeben. Der Teig sollte nicht zu fest sein.

2. Salzwasser mit dem Öl zum Kochen bringen. Die Zwiebeln schälen und in dünne Ringe schneiden. Den Backofen auf 100° vorheizen.

3. Wenn das Wasser siedet, den Teig portionsweise mit einem Spätzlehobel hineinhobeln. Die Spätzle herausnehmen, sobald sie oben schwimmen, und in eine feuerfeste Form geben. Sofort mit Käse bestreuen, mit Pfeffer würzen und im Backofen (Mitte, Umluft 80°) warm stellen. So fortfahren, bis der Teig verbraucht ist, dabei jede Schicht mit Käse bestreuen und mit Pfeffer würzen.

4. Die Butter erhitzen und die Zwiebelringe darin goldbraun braten. Über die Spätzle verteilen.

Hausmacher Sülze

Zutaten für 6 Personen:

2 Schweinefüße (vom Metzger kleinhacken lassen)

1 Eßl. Pfefferkörner

3 Lorbeerblätter · 3 Nelken

1 Eßl. Salz

je 1 Teel. Pimentkörner, Korianderkörner, getrockneter Majoran

1 Eßl. Streuwürze

1 kg Kasseler (mit Knochen)

500 g magerer Schweinenacken

3 Möhren

1/2 Sellerieknolle

2 Petersilienwurzeln

3 Zwiebeln

etwa 1/8 l Weißweinessig

2 Eßl. Zucker

8 Gewürzgurken (aus dem Glas)

6 Blatt weiße Gelatine

60 g kleine Kapern

Braucht etwas Zeit

Pro Portion etwa:
2700 kJ/640 kcal
51 g Eiweiß · 43 g Fett
12 g Kohlenhydrate

- Zubereitungszeit: etwa
  3 Stunden

1. Die Schweinefüße abspülen und mit 3 l kaltem Wasser zum Kochen bringen. Den aufsteigenden Schaum abschöpfen. Die Gewürze hinzufügen. Alles offen etwa 1 Stunde köcheln lassen.

2. Dann das Kasseler und den Schweinenacken zu den Schweinefüßen geben und etwa 50 Minuten bei schwacher Hitze garen. Möhren, Sellerie, Petersilienwurzeln und Zwiebeln schälen und abspülen. Alles in den Topf geben und weitere 45 Minuten köcheln lassen.

3. Das Fleisch herausnehmen und abkühlen lassen. Die Fleischbrühe durch ein Tuch oder feines Sieb in eine große Schüssel gießen. 1 1/2 l Fleischbrühe abmessen und mit Essig und Zucker pikant abschmecken. Das Fleisch von den Knochen lösen und würfeln. Die Möhren und 3–4 Gewürzgurken klein würfeln. Die Gelatine in kaltem Wasser einweichen.

4. Eine Schüssel kalt ausspülen. Fleisch, Kapern, Möhren und Gurken darin verteilen. Die Gelatine ausdrücken und in der warmen Brühe auflösen. Die Brühe über die Zutaten in der Schüssel gießen. Vor dem Erstarren die Sülze einige Male durchrühren. Über Nacht im Kühlschrank fest werden lassen.

5. Die Sülze auf eine Platte stürzen. Dafür die Form kurz in heißes Wasser tauchen. Die restlichen Gewürzgurken in Scheiben schneiden. Die Sülze damit garnieren.

Im Bild vorne: Hausmacher Sülze
Im Bild hinten: Käsespätzle

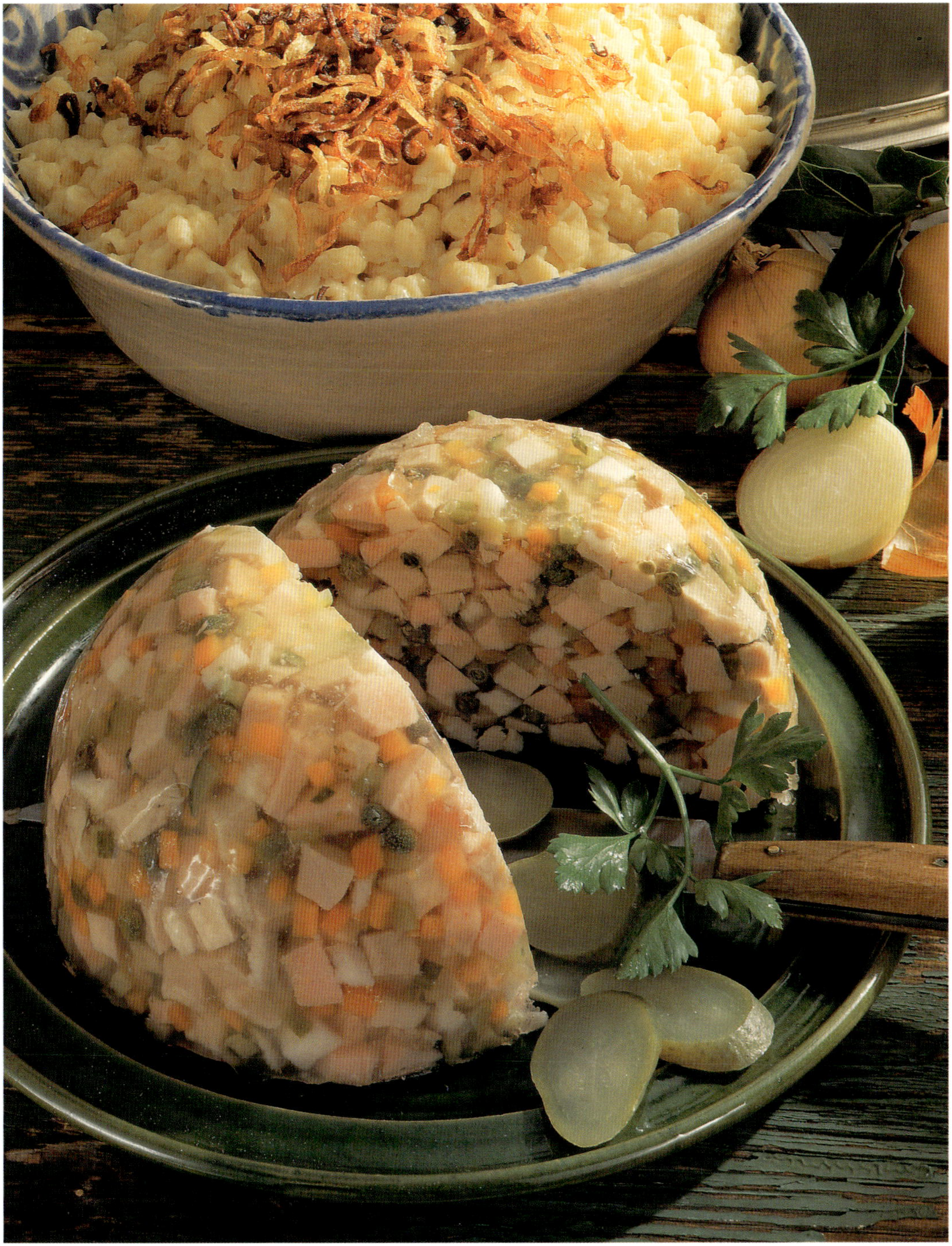

Kartoffel-Hering-Salat

Zutaten für 4 Personen:

8 Matjesfilets

1 kg gekochte Kartoffeln

2 säuerliche Äpfel (beispielsweise Boskop)

3 Salzgurken (aus dem Glas)

60 g Räucherspeck

3 Eßl. Öl

2 frische Eigelb

1 Zwiebel

2 Eßl. Weißweinessig

1 Teel. Senf

1/2 Teel. Zucker

schwarzer Pfeffer, frisch gemahlen

40 g Kapern

Würzig

Pro Portion etwa:
3200 kJ/760 kcal
29 g Eiweiß · 48 g Fett
47 g Kohlenhydrate

- Zubereitungszeit: etwa 50 Minuten
- Marinierzeit: 1 Stunde

1. Die Matjesfilets abspülen, trockentupfen und quer in Streifen schneiden. Die Kartoffeln pellen und klein würfeln. Die Äpfel schälen, vierteln, von den Kerngehäusen befreien und würfeln. Die Gurken ebenfalls klein würfeln. Alles in eine Schüssel geben.

2. Den Speck in kleine Würfel schneiden. 1 Eßlöffel Öl erhitzen. Den Speck darin knusprig braten und heiß unter die anderen Zutaten mischen.

3. Das restliche Öl mit den Eigelben verrühren. Die Zwiebel schälen und dazureiben. Die Sauce mit Essig, Senf, Zucker und Pfeffer pikant abschmecken. Die Kapern untermischen. Die Sauce über die Salat-Zutaten gießen und alles vermengen.

4. Den Salat zugedeckt mindestens 1 Stunde kalt stellen und ziehen lassen.

Matjes »Hausfrauenart«

Zutaten für 4 Personen:

8 Matjesfilets · 3 Äpfel

3 Zwiebeln

6 kleine Gewürzgurken (aus dem Glas)

400 g saure Sahne

1/8 l Milch

2–4 Eßl. Gewürzgurken-Sud (aus dem Glas)

3 Eßl. Weißweinessig

2 Prisen Zucker

schwarzer Pfeffer, frisch gemahlen

10 Pfefferkörner · 5 Pimentkörner

5 Wacholderbeeren

2 Lorbeerblätter

2 Gewürznelken

Zum Garnieren: Dill nach Belieben

Läßt sich gut vorbereiten

Pro Portion etwa:
2500 kJ/600 kcal
26 g Eiweiß · 40 g Fett
24 g Kohlenhydrate

- Zubereitungszeit: etwa 45 Minuten
- Marinierzeit: 2–3 Tage

1. Die Matjesfilets abspülen, trockentupfen und in etwa 3 cm große Stücke schneiden. Die Äpfel schälen und achteln, dabei die Kerngehäuse entfernen. Die Achtel quer in feine Scheiben schneiden. Die Zwiebeln schälen und in feine Ringe schneiden. Die Gurken in dünne Scheiben schneiden.

2. Die Sahne und die Milch in einer Schüssel mischen. Mit dem Gewürzgurken-Sud, dem Essig, dem Zucker und Pfeffer pikant abschmecken. Pfeffer- und Pimentkörner, Wacholderbeeren, Lorbeerblätter und Nelken dazugeben. Matjesfilets, Äpfel und Zwiebeln hinzufügen und alles gut vermengen.

3. Die Matjes zugedeckt kühl stellen und 2–3 Tage durchziehen lassen. Mit frisch gekochten Salzkartoffeln als Hauptmahlzeit oder als kleinen Imbiß mit kräftigem Bauernbrot reichen. Nach Belieben mit einem frischem Zweig Dill garnieren.

Im Bild vorne:
Matjes »Hausfrauenart«
Im Bild hinten:
Kartoffel-Hering-Salat

Bücklinge mit Rührei

»Jedwedem fühlenden Herzen bleibt das Vaterland ewig teuer – ich liebe auch, recht braun geschmort, die Bücklinge und Eier.« *Heinrich Heine*

Zutaten für 4 Personen:
2 Bücklinge · 2 Eßl. Zitronensaft
2 Eßl. Butter
8 Eier · Salz
schwarzer Pfeffer, frisch gemahlen
1 Bund Schnittlauch

Preiswert

Pro Portion etwa:
2400 kJ/570 kcal
46 g Eiweiß · 42 g Fett
1 g Kohlenhydrate

- Zubereitungszeit: etwa 30 Minuten

1. Von den Bücklingen Kopf und Haut entfernen. Die Fische sorgfältig entgräten und in kleine Stücke zerteilen. Mit Zitronensaft beträufeln.

2. Die Butter in einer Pfanne erhitzen und die Fischstückchen darin kurz durchbraten. Die Eier mit 1 Eßlöffel Wasser verquirlen, mit Salz und Pfeffer würzen und über die Bücklinge gießen. Leicht durchrühren und schütteln, bis die Eier zu stocken beginnen.

3. Den Schnittlauch abspülen, in kleine Röllchen schneiden und über die Bücklinge streuen. Dazu passen Bauernbrot, Bratkartoffeln und ein Tomatensalat.

Eingelegte Bratheringe

Zutaten für 4 Personen:
8 kleinere grüne Heringe (küchenfertig vorbereitet)
Salz
weißer Pfeffer, frisch gemahlen
4 Eßl. Zitronensaft
3 Zwiebeln
1/2 l Weinessig
100 g Zucker
1 Eßl. weiße Pfefferkörner
2 Eßl. Senfkörner
1 Teel. Pimentkörner
2 Lorbeerblätter
5 Eßl. Mehl
Zum Braten: neutrales Öl oder
Butterschmalz

Läßt sich gut vorbereiten

Pro Portion etwa:
2100 kJ/500 kcal
35 g Eiweiß · 34 g Fett
15 g Kohlenhydrate

- Zubereitungszeit: etwa 50 Minuten
- Marinierzeit: 2–3 Tage

1. Die Heringe abspülen und mit Küchenpapier trockentupfen. Innen und außen mit Salz und Pfeffer würzen, mit dem Zitronensaft beträufeln und zugedeckt etwa 1 Stunde durchziehen lassen.

2. Die Zwiebeln schälen und in Ringe schneiden. 1/2 l Wasser in einem Topf zum Kochen bringen. Zwiebeln, Essig, 1 1/2 Teelöffel Salz, Zucker, Gewürzkörner und Lorbeerblätter hinzufügen und alles etwa 5 Minuten kräftig durchkochen lassen. Den Sud abschmecken (er sollte pikant säuerlich sein) und etwas abkühlen lassen.

3. Die Heringe in dem Mehl wenden. Etwas Fett in einer großen Pfanne erhitzen und die Heringe darin portionsweise von jeder Seite in etwa 6 Minuten goldbraun braten.

4. Die gebratenen Heringe in eine längliche Schüssel legen und mit dem warmen Sud begießen. Die Heringe zugedeckt kühl stellen und 2–3 Tage durchziehen lassen. Dazu schmecken Bratkartoffeln, grüner Salat oder Butterbrote.

Im Bild vorne: Bücklinge mit Rührei
Im Bild hinten:
Eingelegte Bratheringe

Kabeljau in Tomaten-Dill-Sauce

Zutaten für 4 Personen:
4 Kabeljaukoteletts (à 200 g)
3 Eßl. Zitronensaft
Salz
schwarzer Pfeffer, frisch gemahlen
500 g passierte Tomaten (Fertig-produkt)
200 g Sahne
1 Teel. Zucker
2 Bund Dill
3 Eßl. Butter

Gelingt leicht

Pro Portion etwa:
1700 kJ/400 kcal
37 g Eiweiß · 25 g Fett
7 g Kohlenhydrate

• Zubereitungszeit: etwa
30 Minuten

1. Den Fisch abspülen und mit Küchenpapier trockentupfen. Mit Zitronensaft, Salz und Pfeffer würzen.

2. Die passierten Tomaten mit der Sahne in einem Topf erhitzen, mit Salz, Pfeffer und Zucker pikant abschmecken. Den Dill abspülen und ohne die groben Stiele fein hacken. Unter die Sauce rühren.

3. Die Butter erhitzen. Die Kabeljaukoteletts darin auf jeder Seite 4–5 Minuten braten. Mit der Tomaten-Dill-Sauce servieren. Dazu Reis oder Salzkartoffeln und einen frischen Salat reichen.

Fischauflauf

Zutaten für 4 Personen:
5 mittelgroße Kartoffeln
3 Möhren
100 g Butter · Salz
schwarzer Pfeffer, frisch gemahlen
2 Prisen Cayennepfeffer
1 Teel. Zucker · 40 g Mehl
1/2 l heiße Milch
Streuwürze
Saft von 2 Zitronen
600 g Fischfilet (beispielsweise Rotbarsch oder Kabeljau)
4 Eier
100 g Gouda, frisch gerieben
2 Eßl. gehackte glatte Petersilie
Für die Form: Butter

Für Gäste

Pro Portion etwa:
3100 kJ/740 kcal
48 g Eiweiß · 43 g Fett
38 g Kohlenhydrate

• Zubereitungszeit: etwa
2 Stunden

1. Kartoffeln und Möhren schälen, abspülen und in dünne Scheiben schneiden. 2 Eßlöffel Butter in einer großen Pfanne zerlassen. Kartoffeln- und Möhren darin kurz andünsten. Mit Salz, Pfeffer, Cayennepfeffer und Zucker würzen. Etwa 2 Eßlöffel Wasser hinzufügen, alles zugedeckt 6–8 Minuten dünsten. Zur Seite stellen.

2. Die restliche Butter in einem Topf erhitzen. Das Mehl einstreuen und unter Rühren die Milch angießen. Die Sauce etwa 10 Minuten bei schwacher Hitze köcheln lassen. Mit Salz, Pfeffer, Streuwürze und Zitronensaft pikant abschmecken und zur Seite stellen. Den Backofen auf 200° vorheizen.

3. Die Fischfilets abspülen und mit Küchenpapier trockentupfen. Mit dem restlichen Zitronensaft, Salz und Pfeffer würzen. Die Eier mit dem Käse verquirlen und unter die etwas abgekühlte Béchamelsauce ziehen.

4. Eine große, flache feuerfeste Form ausbuttern. Kartoffeln, Möhren und die Hälfte der Sauce darin verteilen. Die Fischstücke darauf legen und mit der restlichen Sauce begießen. Den Auflauf im Backofen (Mitte, Umluft 180°) etwa 50 Minuten backen (eventuell nach etwa 30 Minuten die Oberfläche mit Alufolie abdecken). Vor dem Servieren mit der Petersilie bestreuen.

Tip!

Haben Sie noch 1 Packung Erbsen im Tiefkühlfach? Die Erbsen unaufgetaut unter die Kartoffel-Möhren-Mischung geben und kurz mitdünsten lassen.

Im Bild vorne:
Kabeljau in Tomaten-Dill-Sauce
Im Bild hinten: Fischauflauf

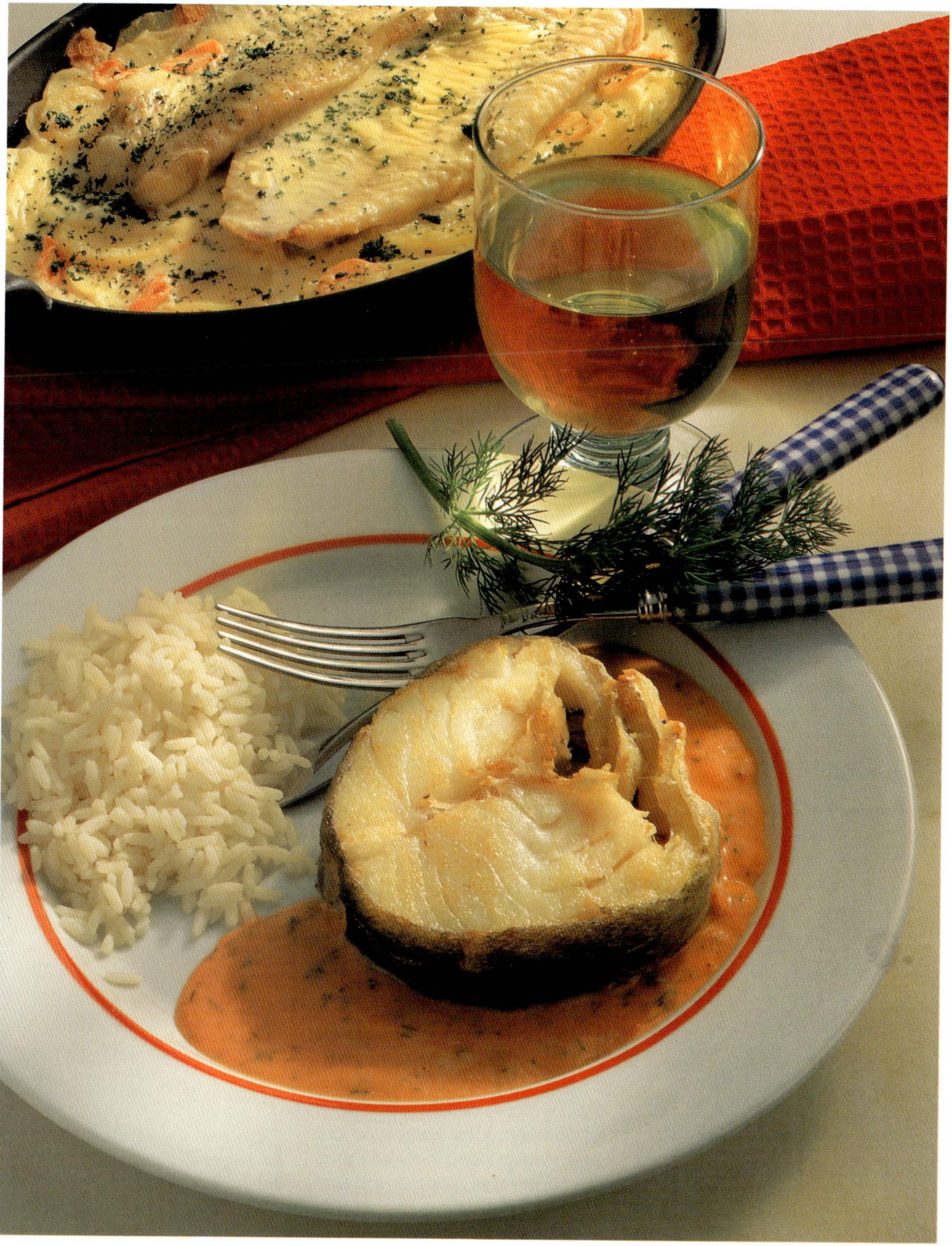

Fischtopf mit Aal

Genießen Sie dazu ein Tröpfchen von dem Rotwein, den Sie zum Kochen verwenden!

Zutaten für 4 Personen:

1 kleiner Aal

1 kg verschiedene küchenfertige Süßwasserfische wie Schleie, Forelle, Karpfen, Renke

Salz

weißer Pfeffer, frisch gemahlen

1 unbehandelte Zitrone

1/8 l Rotweinessig

3 Zwiebeln

4 Möhren

2 Petersilienwurzeln

1 Stange Lauch

2 Lorbeerblätter

6 Wacholderbeeren

1 Eßl. Senfkörner

1 Eßl. Zucker

60 g Butter

3 Eßl. Tomatenmark

1/4 l trockener Rotwein (ersatzweise Fischfond)

200 g Crème fraîche

Raffiniert • Für Gäste

Pro Portion etwa:
3700 kJ/880 kcal
59 g Eiweiß · 57 g Fett
18 g Kohlenhydrate

• Zubereitungszeit: etwa
  1 1/2 Stunden

1. Den Aal und die Fischstücke abspülen, mit Küchenpapier trockentupfen und in etwa 5 cm große Stücke schneiden. Mit Salz und Pfeffer würzen. Die Zitrone halbieren und eine Hälfte auspressen. Die Fische beträufeln und zugedeckt kalt stellen.

2. Den Essig und 1 l Wasser in einen Topf geben. Die Zwiebeln schälen. Möhren und Petersilienwurzeln schälen und abspülen. Den Lauch längs aufschlitzen und gründlich abspülen. 2 Zwiebeln, 2 Möhren, die Petersilienwurzeln und vom Lauch das grüne Ende grob zerteilen. Alles in den Sud geben. Lorbeerblätter, Wacholderbeeren, Senfkörner, Zucker, Salz, Pfeffer und die zweite Zitronenhälfte hinzufügen. Den Sud (er soll kräftig schmecken) etwa 30 Minuten kochen lassen.

3. Für die Sauce das restliche Gemüse in dünne Scheiben beziehungsweise Ringe schneiden. Die Butter in einem breiten Topf zerlassen und darin die Möhren etwa 5 Minuten andünsten. Nun die Zwiebeln dazugeben und mitdünsten. Das Tomatenmark unterrühren, den Rotwein und die Hälfte des Suds durch ein

Sieb dazugießen. Die Sauce bei mittlerer Hitze etwa 5 Minuten köcheln lassen.

4. Inzwischen den Aal in den restlichen Sud legen und etwa 5 Minuten ziehen lassen. Dann die Fischstücke dazugeben und alles noch etwa 5 Minuten garen.

5. Den Lauch und die Crème fraîche in die Sauce geben, durchrühren und die Hitze sofort reduzieren. Aal und Fisch mit einem Schaumlöffel aus dem Sud heben und in die Rotweinsauce legen. Darin weitere 4–5 Minuten ziehen lassen. Dazu schmecken Petersilienkartoffeln und ein frischer Salat.

Variante:
Versuchen Sie dieses edle »Sonntagsessen« einmal mit verschiedenen Seefischen wie Kabeljau, Schellfisch, Seehecht oder Seelachs. Und statt Rotwein schmeckt auch ein kräftiger Weißwein (Riesling oder Gewürztraminer) ganz hervorragend.

Fisch einmal anders: in einem würzigen Sud gegart und mit einer feinen Rotweinsauce serviert.

Königsberger Klopse

Zutaten für 4 Personen:

1 1/2 Brötchen vom Vortag

1 Zwiebel · 4 Eßl. Butter

500 g gemischtes Hackfleisch

2 Eier

je 1 Prise getrockneter Majoran, Thymian und gemahlener Kümmel

Salz

schwarzer Pfeffer, frisch gemahlen

1 Prise Cayennepfeffer

1 1/2 l heiße Fleischbrühe

3 Eßl. Mehl · 200 g Sahne

80 g Kapern · 2 Eßl. Zitronensaft

Muskatnuß, frisch gerieben

Spezialität aus Ostpreußen

Pro Portion etwa:
3000 kJ/710 kcal
32 g Eiweiß · 57 g Fett
18 g Kohlenhydrate

- Zubereitungszeit: etwa 1 Stunde

1. Die Brötchen in heißem Wasser einweichen. Die Zwiebel schälen und klein würfeln. 1 Eßlöffel Butter erhitzen. Die Zwiebel darin glasig dünsten. Hackfleisch, ausgedrückte Brötchen, Eier, Majoran, Thymian, Kümmel und Zwiebel vermengen und mit Salz, Pfeffer und Cayennepfeffer würzen. Mit feuchten Händen kleine Klößchen formen. Die Fleischbrühe erhitzen. Die Klößchen darin etwa 20 Minuten ziehen lassen.

2. Die restliche Butter erhitzen. Das Mehl darin an-schwitzen. Unter Rühren so viel Brühe dazugießen, bis eine sämige Sauce entsteht, etwa 5 Minuten köcheln lassen. Sahne und Kapern hinzufügen. Mit Zitronensaft und Muskat abschmecken. Die Klößchen in der Sauce kurz ziehen lassen.

Krautwickel

Zutaten für 4–6 Personen:

2 Brötchen vom Vortag

Salz · 1 Teel. Kümmel

1 großer Weißkrautkopf

400 g gemischtes Hackfleisch

3 Zwiebeln · 2 Eier

je 3 Prisen getrockneter Majoran, Thymian, gemahlener Kümmel und Paprikapulver, edelsüß

schwarzer Pfeffer, frisch gemahlen

Streuwürze · 1 Möhre

50 g Räucherspeck

1 Eßl. Mehl

Zum Braten: Butterschmalz

Braucht etwas Zeit

Bei 6 Personen pro Portion etwa: 1600 kJ/380 kcal
21 g Eiweiß · 24 g Fett
24 g Kohlenhydrate

- Zubereitungszeit: etwa 2 Stunden

1. Die Brötchen in heißem Wasser einweichen. Etwa 2 1/2 l Salzwasser mit dem Kümmel zum Kochen bringen. Vom Kraut den Strunk heraus-schneiden, schadhafte Stellen entfernen. Das Kraut im Salzwasser blanchieren, nach und nach die Blätter ablösen.

2. Hackfleisch und ausgedrückte Brötchen in eine Schüssel geben. 1 Zwiebel schälen und klein würfeln, mit Eiern und Gewürzen zum Hackfleisch geben. Mit Salz, Pfeffer und Streuwürze abschmecken.

3. Auf jedes Kohlblatt 2–3 Eßlöffel von der Hackfleisch-Füllung geben. Die Blätter seitlich darüber schlagen und aufrollen, mit Küchengarn umwickeln. Die restlichen Zwiebeln und die Möhre schälen, grob zerkleinern. Speck in Scheiben schneiden.

4. Den Backofen auf 220° vorheizen. 3 Eßlöffel Butterschmalz erhitzen. Den Speck darin anbraten, auf die Seite schieben, die Krautwickel hineingeben und kräftig anbraten. Seitlich Zwiebeln, Möhren und etwas kleingeschnittenes Kraut verteilen, anrösten. 1/2 l Kochwasser vom Kraut angießen. Die Krautwickel zugedeckt im Backofen (unten, Umluft 200°) 35–40 Minuten schmoren lassen.

5. Das Mehl mit 3 Eßlöffeln kaltem Wasser verrühren. Die Sauce damit binden und noch einige Minuten durchköcheln lassen. Die Krautwickel mit Salzkartoffeln servieren.

Im Bild vorne: Krautwickel
Im Bild hinten:
Königsberger Klopse

Gebratene Leber mit Kartoffelpüree

Zutaten für 4 Personen:

1 kg mehligkochende Kartoffeln

Salz

4–6 Scheiben frische Kalbsleber

(etwa 500 g)

weißer Pfeffer, frisch gemahlen

2 Eßl. Mehl

2 Zwiebeln

2 Äpfel

2 Eßl. Butterschmalz

3/8 l heiße Milch

50 g Butter

Muskatnuß, frisch gerieben

Gelingt leicht

Pro Portion etwa:
2600 kJ/620 kcal
33 g Eiweiß · 27 g Fett
60 g Kohlenhydrate

• Zubereitungszeit: etwa
  1 Stunde

1. Die Kartoffeln schälen, abspülen und grob zerkleinern. In einen Topf geben, knapp mit Wasser bedecken, salzen und in 15–20 Minuten garen. Von den Leberscheiben vorhandene Häutchen und Sehnen entfernen. Die Scheiben auf beiden Seiten mit Pfeffer würzen und in etwas Mehl wenden.

2. Zwiebeln und Äpfel schälen. Von den Äpfeln die Kerngehäuse ausstechen. Zwiebeln in Ringe, Äpfel in Stücke schneiden. Das Butterschmalz erhitzen. Die Zwiebelringe darin goldgelb anrösten. Die Apfelstücke hinzufügen und kurz mitbraten.

3. Von den Kartoffeln das Wasser abgießen. Die Kartoffeln ausdämpfen lassen. Dann zerstampfen. Die Milch mit einem Schneebesen unterrühren. 2 Eßlöffel Butter unter das Püree mischen, mit Muskat würzen.

4. In einer zweiten Pfanne die restliche Butter zerlassen. Die Leberscheiben darin auf jeder Seite 3–4 Minuten braten. Salzen und auf vorgewärmte Teller legen. Auf jede Portion Zwiebel, Äpfel und Bratfett verteilen. Mit dem Kartoffelpüree servieren. Dazu schmeckt ein frischer grüner Salat.

Pikante Nierchen

Zutaten für 4 Personen:

500 g Schweinenieren
Essig
2 Zwiebeln · 40 g Räucherspeck
250 g Senfgurken (aus dem Glas)
3 Eßl. Butterschmalz
2 Eßl. Mehl
schwarzer Pfeffer, frisch gemahlen
1 Eßl. Zucker
Salz
1/4 l Fleischbrühe
1/8 l Senfgurken-Sud (aus dem Glas)
1 Teel. scharfer Senf
100 g saure Sahne
1 Bund glatte Petersilie

Preiswert

Pro Portion etwa:
1600 kJ/380 kcal
24 g Eiweiß · 24 g Fett
14 g Kohlenhydrate

• Zubereitungszeit: etwa
45 Minuten

Tips!

Nierchen vor der Zubereitung in leichtem Essigwasser oder in Milch wässern. Ist der Geruch trotzdem noch zu stark, die Nieren noch 1 Stunde in kaltes Wasser legen.
Nieren keinesfalls zu lange und zu kräftig braten, sie werden sonst hart.

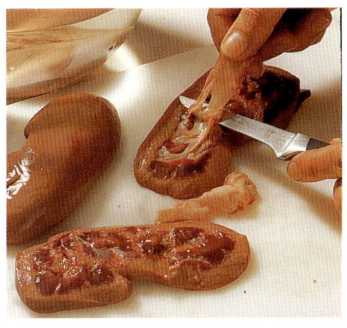

1. Die Nieren längs aufschneiden. Alle weißen Teile (Fett und Aderansätze) entfernen. Die Nieren etwa 30 Minuten in 1/2 l warmes Essigwasser legen und mit den Händen gründlich abreiben. Danach unter fließendem kalten Wasser spülen. Trockentupfen und in feine Scheiben schneiden.

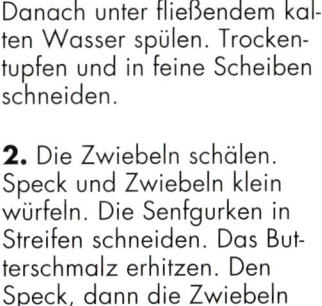

2. Die Zwiebeln schälen. Speck und Zwiebeln klein würfeln. Die Senfgurken in Streifen schneiden. Das Butterschmalz erhitzen. Den Speck, dann die Zwiebeln darin anbraten. Die Nierchen hinzufügen, unter Rühren 4–5 Minuten anbräunen.

3. Die Nierchen mit dem Mehl bestäuben und mit Pfeffer, Zucker und Salz würzen. Mit 3 Eßlöffeln Essig ablöschen. Die Fleischbrühe, die Gurken und den Gurkensud dazugeben. Alles etwa 5 Minuten bei mittlerer Hitze köcheln lassen.

4. Den Senf mit der Sahne verrühren. Unter die Nierchen rühren und nochmals abschmecken. Die Petersilie waschen und die Blättchen fein hacken. Über das fertige Gericht streuen. Am besten schmecken dazu Kartoffelpüree und Salat.

Hackbraten mit Rotkohl

Zutaten für 4–6 Personen:
Für den Hackbraten:
2 Brötchen vom Vortag
3 Zwiebeln · 2 Knoblauchzehen
100 g Räucherspeck
1 Eßl. Butter
600 g gemischtes Hackfleisch
2 Eßl. Semmelbrösel · 2 Eier
1 Teel. Senf · Salz
schwarzer Pfeffer, frisch gemahlen
Muskatnuß, frisch gerieben
1/2 Teel. Kümmel
je 1 gute Prise getrockneter
Majoran, Thymian, Cayennepfeffer
und Paprikapulver, edelsüß
2 hartgekochte Eier · 2 Tomaten
1 Eßl. Mehl
100 g saure Sahne
Für den Rotkohl:
1 kg Rotkohl (Blaukraut)
1 säuerlicher Apfel (beispielsweise
Boskop)
1 Zwiebel · 1 Lorbeerblatt
2 Gewürznelken
2 Eßl. Schweineschmalz · Salz
schwarzer Pfeffer, frisch gemahlen
1 Eßl. Zucker · 3 Eßl. Weinessig
Zum Braten: Butterschmalz
Zum Garnieren: krause Petersilie

Preiswert

Bei 6 Personen pro Portion
etwa: 2800 kJ/670 kcal
32 g Eiweiß · 47 g Fett
27 g Kohlenhydrate

- Zubereitungszeit: etwa
  2 Stunden

1. Die Brötchen in heißem
Wasser einweichen. 1 Zwiebel und den Knoblauch

schälen, in kleine Würfel
schneiden. Eine Hälfte Speck
klein würfeln, die andere in
Scheiben schneiden. Die Butter erhitzen, die Speckwürfel
darin anbraten. Nach einigen
Minuten die Zwiebel- und die
Knoblauchwürfel hinzufügen.

2. Das Hackfleisch in eine
Schüssel geben. Die Brötchen
gut ausdrücken und hinzufügen. Semmelbrösel, Eier, Senf,
Salz, die Gewürze, sowie die
Speck- und Zwiebel-Mischung
dazugeben. Die Masse gründlich durchkneten und etwa
15 Minuten ruhen lassen,
dann nochmals abschmecken.

3. Mit angefeuchteten Händen einen länglichen Laib formen. Die hart gekochten Eier
schälen und hintereinander in
die Mitte der Hackfleischmasse legen. Den Teig darüber
wieder gut verschließen und
glattstreichen. Den Backofen
auf 200° vorheizen.

4. Die restlichen Zwiebeln
schälen und grob zerteilen.
Die Tomaten abspülen und in
Stücke schneiden, dabei die
Stielansätze entfernen. Etwa
3 Eßlöffel Butterschmalz in
einem Schmortopf erhitzen.
Den Hackbraten darin kräftig
anbraten, dann vorsichtig
umdrehen und auf die angebratene Seite die Speckscheiben legen.

5. Die Zwiebel- und Tomatenstücke seitlich in den Bräter
legen. Etwa 1/4 l Wasser
angießen. Den Hackbraten
zugedeckt im Backofen

(unten, Umluft 180°) etwa
1 Stunde braten. Nach etwa
40 Minuten eventuell noch
etwas Wasser nachgießen.

6. Den Rotkohl putzen, vierteln und in feine Streifen
schneiden. Den Apfel schälen, vierteln und das Kerngehäuse herausschneiden.
Die Zwiebel schälen, das Lorbeerblatt mit den Nelken
daran feststecken. Das
Schweineschmalz erhitzen.
Rotkohl, Apfelstücke, Zwiebel,
Salz, Pfeffer, Zucker und
Essig hineingeben. 1/4 l Wasser angießen. Den Rotkohl
zugedeckt etwa 1 Stunde
garen.

7. Den fertigen Braten auf
eine Platte heben und im
abgeschalteten Ofen ruhen
lassen. Das Mehl mit 2 Eßlöffeln Wasser verrühren. Unter
die Sauce rühren, dabei den
seitlichen Bratansatz ablösen.
Kurz durchköcheln lassen und
die saure Sahne unterrühren.
Nicht mehr kochen lassen.

8. Den Hackbraten in Scheiben schneiden, auf einer Platte anrichten und mit der Petersilie garnieren. Den Rotkohl
in eine Schüssel füllen. Die
Sauce extra dazu reichen. Als
Beilage schmecken Salzkartoffeln oder Kartoffelpüree.

*Sollte von diesem würzigen Hackbraten wider Erwarten etwas übrig
bleiben: er schmeckt auch kalt
ganz ausgezeichnet.*

Schweine-braten in Milch

»Ihr Freunde, keiner tadle mich,
daß ich vom Schweine singe;
es knüpfen Kraftgedanken sich
oft an geringe Dinge.«
Ludwig Uhland

Zutaten für 4–6 Personen:

1 kg Schweinekamm ohne Knochen

Salz

schwarzer Pfeffer, frisch gemahlen

1/2 Teel. gemahlener Kümmel

2 Zwiebeln

2 Knoblauchzehen

3 Eßl. Butterschmalz

1 1/2 l heiße Milch

1/2 Teel. getrockneter Majoran

je 8 zerdrückte Piment- und Korianderkörner

1 Lorbeerblatt

2 Gewürznelken

1 Eßl. Mehl

125 g Sahne

**Gelingt leicht
Für Gäste**

Bei 6 Personen pro Portion
etwa: 2700 kJ/640 kcal
37 g Eiweiß · 46 g Fett
16 g Kohlenhydrate

• Zubereitungszeit: etwa
2 1/2 Stunden

1. Den Backofen auf 220°
vorheizen. Das Fleisch rund-
um mit Salz, Pfeffer und Kümmel würzen. Zwiebeln und
Knoblauch schälen und grob
zerschneiden.

2. Das Butterschmalz in
einem Bräter erhitzen und das
Fleisch darin rundherum kräftig anbraten. Die Zwiebeln
dazugeben und mit anrösten.
Den Knoblauch und die Milch
hinzufügen. Das Fleisch im
Backofen (Mitte, Umluft 200°)
etwa 1 Stunde offen schmoren lassen.

3. Nach etwa 1 Stunde den
Schweinebraten wenden und
die übrigen Gewürze hinzufügen. Das Fleisch zugedeckt
1 weitere Stunde schmoren
lassen. Der Braten ist gar,
wenn beim Einstechen kein
roter Saft mehr austritt.

4. Den Bräter aus dem Ofen
nehmen. Das Fleisch in Alufolie wickeln und im abgeschalteten Ofen warm halten.
Die Milch bei starker Hitze
noch etwas einkochen lassen
und dabei die Bratenrück-
stände lösen. Dann die Sauce
durch ein Sieb gießen.

5. Das Mehl mit der Sahne
verquirlen, unter die Sauce
rühren und kurz aufkochen
lassen. Den Schweinebraten

in Scheiben schneiden, in die
Sauce legen und kurz durchziehen lassen. Dazu passen
Petersilienkartoffeln und beispielsweise Schwarzwurzel-
gemüse oder Rosenkohl.

Variante:
Lieben Sie Schweinebraten
mit einer knusprigen Kruste,
so nehmen Sie ein Stück aus
der Schulter. Die Schwarte
kreuzweise einschneiden. Den
Braten salzen und pfeffern
und mit 2 Zwiebeln in einen
Bräter geben. Etwas Wasser
angießen und den Braten im
Backofen wie beschrieben
1 1/2–2 Stunden braten. Dazu
schmecken Semmelknödel
und Krautsalat.

*Der Schweinebraten in Milch ist
eine Delikatesse: Die Milch macht
das Fleisch besonders zart und gibt
ihm einen unvergleichlich feinen
Geschmack.*

Gepökeltes Eisbein

Servieren Sie dazu unbedingt Sauerkraut (Rezept rechts). Auch selbstgemachtes Erbspüree schmeckt hervorragend zum Eisbein.

Zutaten für 4–6 Personen:
4 gepökelte Eisbeine (je 500 g)
2 Zwiebeln
1 Möhre
2 Lorbeerblätter
1 Teel. schwarze Pfefferkörner
6 Pimentkörner
6 Wacholderbeeren
1/2 Teel. Zucker

Braucht etwas Zeit

Bei 6 Personen pro Portion etwa: 2800 kJ/670 kcal
56 g Eiweiß · 40 g Fett
23 g Kohlenhydrate

• Zubereitungszeit: etwa 3 Stunden

1. Die Eisbeine waschen und in einen großen Topf geben. Etwa 3 1/2 l kaltes Wasser angießen und alles zum Kochen bringen. Den aufsteigenden Schaum zwischendurch mit einer Schaumkelle mehrmals abschöpfen.

2. Die Zwiebeln und die Möhre schälen, mit den Gewürzen zu den Eisbeinen geben und alles bei schwacher Hitze 2 1/2–3 Stunden sanft köcheln lassen. Prüfen Sie, ob das Fleisch sich leicht vom Knochen lösen läßt, denn dann ist es gar.

Kasseler mit Sauerkraut

Zutaten für 4 Personen:
Für das Kasseler:
1 kg Kasseler-Kotelettstück
3 Zwiebeln
1 Möhre
1 Lorbeerblatt
je 5 Wacholder-, Pfeffer- und Pimentkörner
2 Gewürznelken
1/8 l Rotwein
1 Teel. Speisestärke
100 g saure Sahne
schwarzer Pfeffer, frisch gemahlen
1 Prise Zucker
Für das Sauerkraut:
50 g Speck
1–2 Eßl. Schweineschmalz
1 Zwiebel
500 g Sauerkraut
1/4 l Apfelsaft
1 Lorbeerblatt
5 Wacholderbeeren
je 1/2 Teel. Kümmel und Zucker
Salz · 1 rohe Kartoffel

Spezialität aus Berlin

Pro Portion etwa:
3000 kJ/710 kcal
42 g Eiweiß · 49 g Fett
24 g Kohlenhydrate

• Zubereitungszeit: etwa 2 1/2 Stunden

1. Den Backofen auf 220° vorheizen. Das Kasseler am Fettrand etwas einschneiden und in einen Bräter legen. Zwiebeln und Möhre schälen, grob zerschneiden und um das Fleisch verteilen. Lorbeerblatt, Gewürzkörner und Nel-

ken dazulegen, 1/2 l heißes Wasser angießen. Das Fleisch im Backofen (unten, Umluft 200°) etwa 1 Stunde schmoren lassen. Zwischendurch wenden und mit dem Bratenfond begießen.

2. Für das Sauerkraut den Speck klein würfeln. Das Schmalz erhitzen und den Speck darin anbraten. Die Zwiebel schälen und vierteln. Sauerkraut, Apfelsaft, Zwiebel und die Gewürze hinzufügen. Alles zugedeckt etwa 1 Stunde köcheln lassen (später eventuell noch etwas Wasser nachgießen).

3. Das fertige Kasseler aus dem Bräter nehmen, in Alufolie wickeln und im abgeschalteten Ofen ruhen lassen. Den Rotwein zur Sauce gießen, den Bratansatz lösen und durchköcheln lassen. Die Speisestärke mit der Sahne verquirlen und in die Sauce rühren. Die Sauce mit Pfeffer und Zucker abschmecken.

4. Die Kartoffel schälen und in das fertige Sauerkraut fein reiben. Einmal aufkochen lassen. Das Fleisch in Scheiben schneiden, mit Sauerkraut und Salzkartoffeln servieren.

Im Bild vorne:
Kasseler mit Sauerkraut
Im Bild hinten: Gepökeltes Eisbein

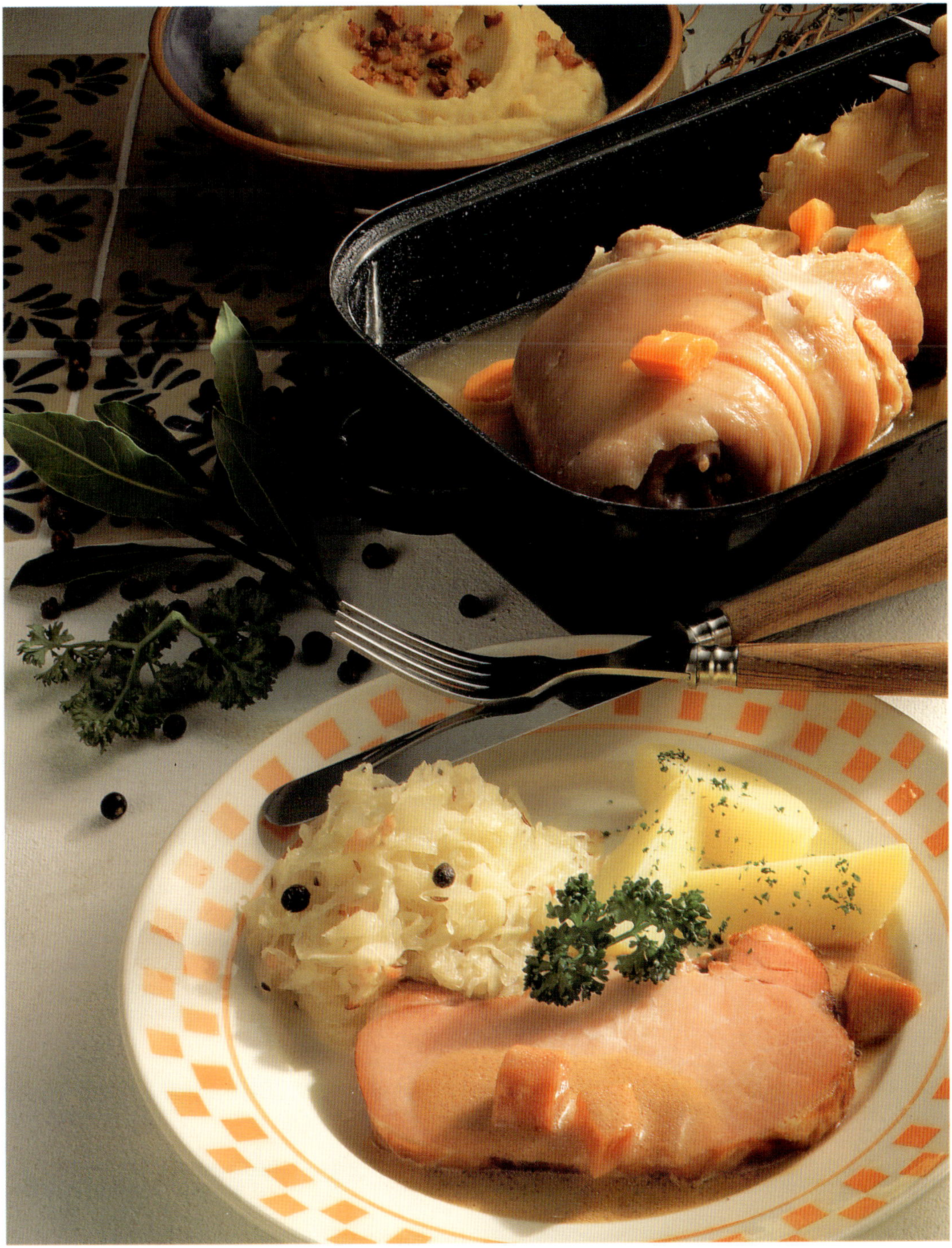

Zwiebel-Gulasch

Zutaten für 4–6 Personen:

20 g getrocknete Pilze

800 g Zwiebeln

2 Eßl. Mehl

1 kg kleingeschnittenes gemischtes Gulasch

Salz

schwarzer Pfeffer, frisch gemahlen

1 Teel. Paprikapulver, rosenscharf

1/2 Teel. gemahlener Kümmel

Zum Braten: neutrales Öl, Schweine- oder Butterschmalz

Würzig

Bei 6 Personen pro Portion etwa: 1200 kJ/290 kcal
38 g Eiweiß · 8 g Fett
11 g Kohlenhydrate

- Zubereitungszeit: etwa
  2 1/2 Stunden

1. Pilze in warmem Wasser einweichen. Die Zwiebeln schälen, halbieren und in dünne Scheiben schneiden, mit dem Mehl mischen. Das Fleisch kräftig mit Salz und Pfeffer würzen.

2. Reichlich Öl oder Schmalz erhitzen. Das Fleisch darin portionsweise scharf und kräftig anbraten. Die Zwiebeln hinzufügen und unter Rühren mitschmoren lassen.

3. So viel Wasser angießen, daß das Fleisch bedeckt ist. Die Pilze abgießen. Einweichwasser, Pilze, Paprika und Kümmel zum Fleisch geben. Das Gulasch zugedeckt bei schwacher Hitze 1 1/2–2 Stunden schmoren lassen, bis das Fleisch weich ist. Dazu passen Salzkartoffeln, Knödel, Nudeln, Spätzle, Reis und ein Gurken- oder Tomatensalat.

Rinderrouladen

Zutaten für 4 Personen:

3 Zwiebeln

2 Gewürzgurken (aus dem Glas)

100 g fetter Speck · 2 Eier

schwarzer Pfeffer, frisch gemahlen

1 Teel. Zitronensaft

Streuwürze · 2 Prisen Zucker

3 Eßl. Semmelbrösel

4 Scheiben Rinderrouladen (je etwa 150 g)

Salz · 2 Eßl. scharfer Senf

3 Eßl. Butterschmalz

3 Teel. Mehl

Läßt sich gut vorbereiten

Pro Portion etwa:
2600 kJ/620 kcal
38 g Eiweiß · 32 g Fett
14 g Kohlenhydrate

- Zubereitungszeit: etwa
  2 Stunden

1. 1 Zwiebel schälen. Mit den Gurken und zwei Dritteln vom Speck in kleine Würfel schneiden. In einer Schüssel die Eier verquirlen, mit den Gurken-, Zwiebel- und Speckwürfeln mischen. Mit Pfeffer, Zitronensaft, Streuwürze und Zucker kräftig abschmecken. Semmelbrösel unterrühren und die Masse quellen lassen.

2. Die Rouladenscheiben ausbreiten und eventuell noch etwas breitklopfen. Mit Salz und Pfeffer würzen und eine Seite mit Senf bestreichen. Die Füllung gleichmäßig auf den Rouladen verteilen und glattstreichen. Dabei den Rand etwas freilassen, damit die Masse beim Braten nicht austritt. Die Rouladen fest aufrollen und mit Küchengarn umwickeln.

3. Das Butterschmalz in einem Schmortopf erhitzen. Die Rouladen darin bei starker Hitze scharf anbraten. Sie müssen von allen Seiten richtig braun sein, denn nur so bekommt später die Sauce Würze und Geschmack. Die restlichen Zwiebeln schälen, mit dem übrigen Speck grob zerkleinern. Seitlich in den Topf legen und ebenfalls anbraten. Die Rouladen mit 1/2 l heißem Wasser ablöschen und zugedeckt etwa 1 1/4 Stunden bei schwacher Hitze köcheln lassen.

4. Das Mehl in etwas kaltem Wasser anrühren und die Sauce damit sämig binden. Die Sauce noch etwa 10 Minuten köcheln lassen. Das Garn entfernen. Die Rouladen quer oder längs aufschneiden und mit Salzkartoffeln und Rotkohl servieren.

*Im Bild vorne: Rinderrouladen
Im Bild hinten: Zwiebel-Gulasch*

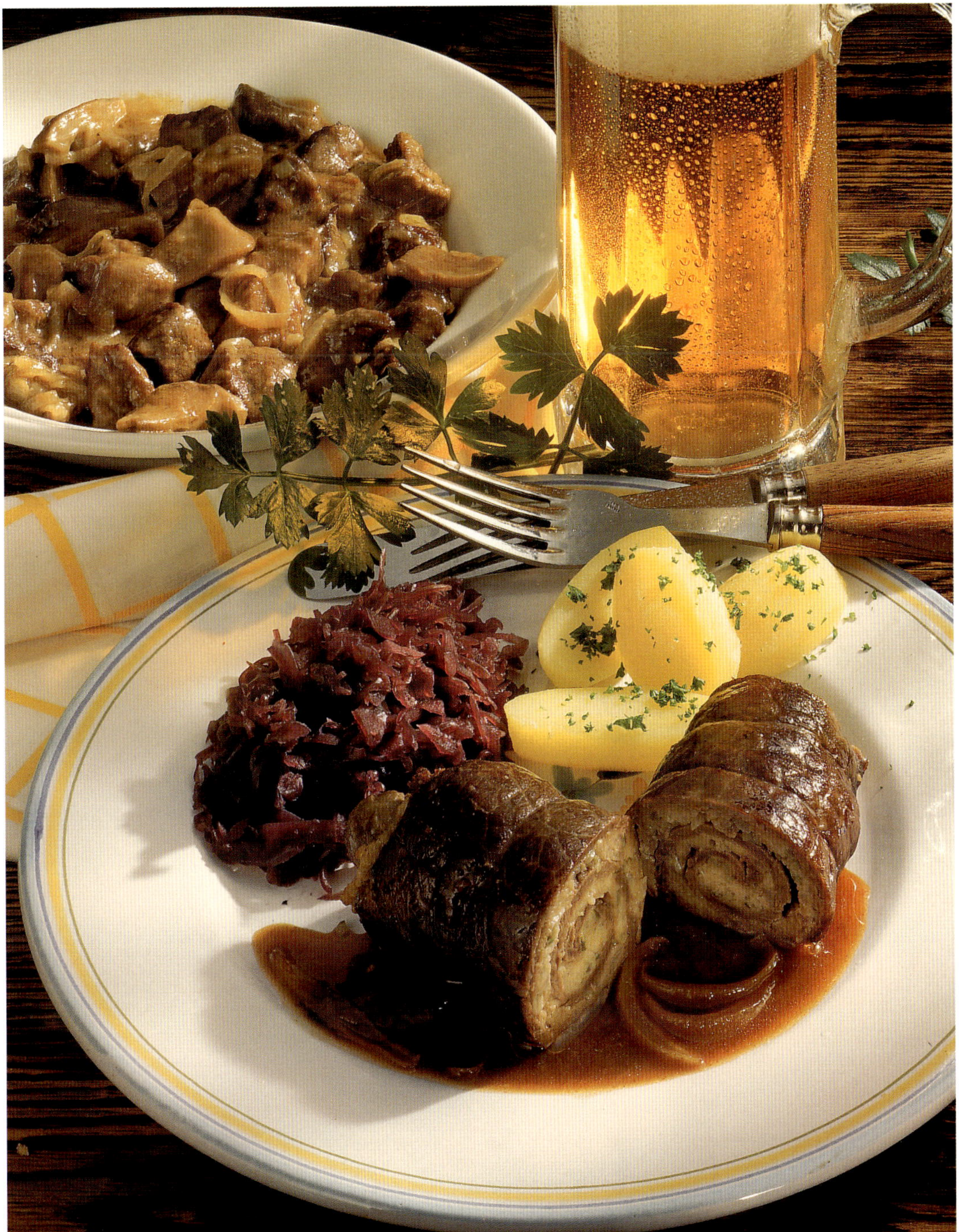

Sauerbraten mit Kartoffel- klößen

Zutaten für 6 Personen:

Für die Marinade:

1/2 l Rotweinessig

2 Zwiebeln

1 Möhre

1 Petersilienwurzel

8 Wacholderbeeren

4 Pimentkörner

10 Pfefferkörner

2 Lorbeerblätter

4 Gewürznelken · 1 Eßl. Salz

1 Eßl. Zucker

1,5 kg Rinderschmorbraten

(Schulter, Bug)

100 g fetter Speck (siehe Tip)

schwarzer Pfeffer, frisch gemahlen

3 Eßl. Schweine- oder Butter-

schmalz

2 Eßl. Tomatenmark

1 Anschnitt Schwarzbrot

125 g saure Sahne

Für die Klöße:

1 kg mehligkochende Kartoffeln

vom Vortag

200 g Speisestärke

Salz

Muskatnuß, frisch gerieben

2 Eier

1/2 Brötchen vom Vortag

1 Teel. Butter

Läßt sich gut vorbereiten

Pro Portion etwa:
3800 kJ/900 kcal
60 g Eiweiß · 38 g Fett
60 g Kohlenhydrate

- Zubereitungszeit: etwa
  3 Stunden
- Marinierzeit: 3 Tage

1. Den Essig mit knapp 1 l Wasser in einen Topf gießen. Die Zwiebeln, die Möhre und die Petersilienwurzel schälen. Das Gemüse grob zerteilen und mit den Gewürzen, Salz und Zucker in den Topf geben. Den Sud etwa 10 Minuten kräftig durchkochen, dann wieder abkühlen lassen.

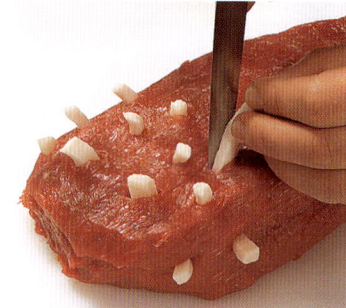

2. Das Fleisch waschen und gut trockentupfen. Den Speck in etwa 4 cm lange Streifen schneiden. Mit einem spitzen Messer das Fleisch etwas einschneiden und den Speck hineindrücken, so daß die Enden der Speckstreifen im Abstand von etwa 3 cm rund um das Fleischstück herausschauen.

3. Das Bratenstück in den Sud legen, es soll ganz davon bedeckt sein. Zugedeckt 3 Tage im Kühlschrank durchziehen lassen. Jeden Tag einmal wenden.

4. Den Sauerbraten aus dem Sud nehmen und mit Küchenpapier trockentupfen. Rundherum mit Pfeffer einreiben. Den Backofen auf 200° vorheizen. Das Schmalz in einem Bräter erhitzen und das Fleisch darin von allen Seiten kräftig braun anbraten.

5. Den Sud durch ein Sieb gießen. Das Gemüse zum Fleisch geben. Das Tomatenmark unterrühren, mit der Hälfte des Suds ablöschen. Den Braten im Backofen (Mitte, Umluft 180°) zugedeckt etwa 2 Stunden schmoren lassen (zwischendurch etwas Sud nachgießen). Nach etwa 1 Stunde das Brot dazulegen.

6. Inzwischen für die Klöße die Kartoffeln pellen, fein reiben und mit der Speisestärke mischen. Mit Salz und Muskat würzen. 1/2 Tasse heißes Wasser und die Eier dazugeben. Alles zu einem geschmeidigen Teig verarbeiten. Das Brötchen klein würfeln. Die Butter zerlassen, das Brötchen darin anrösten.

7. In einem breiten Topf etwa 2 l Salzwasser zum Kochen bringen. Mit angefeuchteten Händen aus der Teigmasse Klöße formen. In die Mitte jeweils 3–4 Brötchenwürfel drücken und den Teig darüber wieder gut verschließen. Die Klöße im siedenden Wasser bei schwacher Hitze etwa 20 Minuten ziehen lassen.

8. Den Braten herausnehmen, in Alufolie wickeln und warm stellen. Die Bratenrückstände im Bräter lösen. Die Sauce durch ein Sieb gießen. Nochmals aufkochen lassen und die saure Sahne unterrühren. Den Braten in Scheiben schneiden, mit Sauce und Klößen servieren.

Tips!

Den Speck zum Spicken vorher etwa 15 Minuten in das Tiefkühlfach legen, steifer Speck läßt sich besser verarbeiten.

Soll das Spicken entfallen, so braten Sie später einige Speckwürfel mit an.

Die Marinade mit 1/2 l trockenen Rotwein, 1/8 l Rotweinessig und 1/4 l Wasser ansetzen.

Mögen Sie es nicht zu säuerlich, nehmen Sie beim Schmoren weniger Marinade – dafür mehr Wasser oder Fleischbrühe.

Sie können den Sauerbraten auch in Buttermilch einlegen, dadurch wird das Fleisch mild und mürbe.

Zum Binden statt Schwarzbrot 1 Päckchen Saucenlebkuchen verwenden.

Können Sie den Sauerbraten aus Zeitgründen nicht marinieren, so löschen Sie den Bratansatz kräftig mit Essig ab.

In vielen Metzgereien bekommen Sie fertig eingelegten Sauerbraten.

Hähnchen-brust in Senf-panade

Zutaten für 4 Portionen:

8 Hähnchenbrustfilets (ohne Haut und Knochen)

Saft und Schale von 1/2 unbehandelten Zitrone. Salz

weißer Pfeffer, frisch gemahlen

2 Prisen Cayennepfeffer

4 Eßl. mittelscharfer Senf

3 Eigelb · 50 g Sahne

1 Prise Zucker · 1 Eßl. Mehl

200 g Semmelbrösel

Zum Braten: Butterschmalz

Zum Garnieren: Kräuterbutter

1 Zitrone

Raffiniert

Pro Portion etwa:
2800 kJ/670 kcal
66 g Eiweiß · 29 g Fett
40 g Kohlenhydrate

- Marinierzeit: 2 Stunden
- Zubereitungszeit: etwa
  1 Stunde

1. Die Filets abspülen und trockentupfen. Leicht klopfen und von beiden Seiten mit dem Zitronensaft einreiben. Mit Salz, Pfeffer und Cayennepfeffer würzen.

2. Den Senf mit den Eigelben, der Zitronenschale, der Sahne und dem Zucker verrühren. Die Filets leicht mit Mehl bestäuben und auf beiden Seiten mit der Eigelbmischung bestreichen. Zugedeckt im Kühlschrank etwa 2 Stunden ziehen lassen.

3. Die Semmelbrösel auf einen flachen Teller streuen, die Filets darin wälzen und die Panade gut festdrücken.

4. Das Butterschmalz in einer Pfanne erhitzen. Die Filets darin in etwa 10 Minuten von beiden Seiten goldbraun braten. Die Zitrone vierteln. Die Filets auf vier Teller verteilen. Auf jede Portion etwas Kräuterbutter und eine Zitronenspalte legen. Dazu schmeckt Kartoffelsalat.

Hühner-frikassee

Zutaten für 4 Personen:

1 frisches küchenfertiges Suppenhuhn (etwa 1,2 kg)

1 Bund Suppengrün

1 Zwiebel · 1 Lorbeerblatt

2 Gewürznelken

6 Pfefferkörner · Salz

2 Möhren · 50 g Butter

4 Eßl. Mehl

60 g Kapern

100 ml Weißwein

3 Eßl. Zitronensaft

4 Eßl. saure Sahne

weißer Pfeffer, frisch gemahlen

2 Eßl. gehackte Petersilie

Läßt sich gut vorbereiten

Pro Portion etwa:
3000 kJ/710 kcal
40 g Eiweiß · 53 g Fett
14 g Kohlenhydrate

- Zubereitungszeit: etwa
  2 1/2 Stunden

1. Das Huhn waschen, mit Wasser bedeckt zum Kochen bringen. Das Suppengrün abspülen. Die Zwiebel schälen und das Lorbeerblatt mit den Nelken daran feststecken. Wenn das Wasser kocht, abschäumen. Suppengrün, Zwiebel, Pfefferkörner und Salz hinzufügen. Das Huhn in 1 1/2–2 Stunden bei schwacher Hitze garen. Die Möhren schälen und etwa 20 Minuten vor Garende dazugeben.

2. Das Huhn aus der Brühe heben und etwas abkühlen lassen. Dann zerteilen, die Haut entfernen, das Fleisch von den Knochen lösen und in kleine Stücke schneiden. Die Möhren klein würfeln.

3. In einem zweiten Topf die Butter zerlassen, das Mehl einstreuen und unter Rühren so viel Hühnerbrühe dazugießen, daß eine sämige Sauce entsteht. Die Sauce kurz durchköcheln lassen und mit den Kapern, Weißwein, Zitronensaft, saurer Sahne und Pfeffer abschmecken. Das Hühnerfleisch und die Möhren unter die Sauce mengen und durchziehen lassen. Mit der Petersilie bestreuen. Dazu paßt Reis.

Im Bild vorne: Hühnerfrikassee
Im Bild hinten:
Hähnchenbrust in Senfpanade

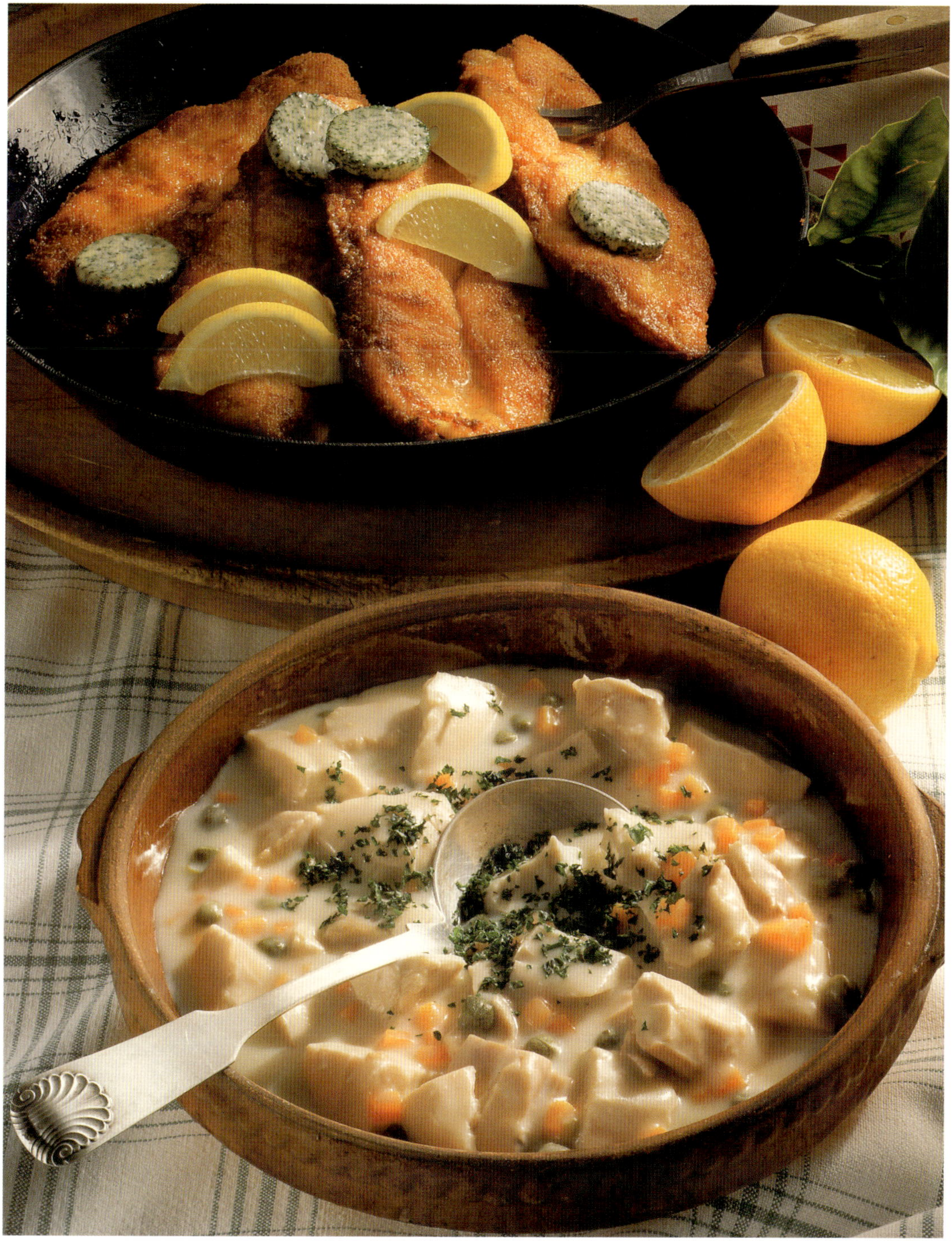

Weihnachts-gans mit Klößen

Zutaten für 6–8 Portionen:

Für die Gans:

1 Gans (etwa 4–5 kg), küchen-fertig vorbereitet

Salz

schwarzer Pfeffer, frisch gemahlen

4 Stengel Beifuß

2 säuerliche Äpfel (beispielsweise Boskop, Reinetten)

1 Teel. Speisestärke

Für die Klöße:

2 kg große mehligkochende Kartoffeln

700 g gekochte Kartoffeln vom Vortag

1 Brötchen vom Vortag

1 Teel. Butter

Salz

Braucht etwas Zeit

Bei 8 Personen pro Portion etwa: 7900 kJ/860 kcal
80 g Eiweiß · 143 g Fett
56 g Kohlenhydrate

• Zubereitungszeit: etwa 3 1/2 Stunden

1. Die Gans waschen, trockenreiben und innen mit Salz und Pfeffer würzen. Vom Beifuß die kleinen bitteren Blättchen entfernen. Äpfel und Beifuß in die Gans legen und die Öffnung mit Küchengarn zunähen. Die Gans außen salzen. Den Backofen auf 180° vorheizen.

2. Die Gans mit der Brust nach unten in einen großen Bräter legen und 1/4 l heißes Wasser dazugießen. Zugedeckt im Backofen (unten, Umluft 160°) 1 1/2 Stunden braten.

3. Nach dieser Zeit die Haut mit einem kleinen Holzspießchen einstechen, die Gans umdrehen und noch 1/4 l Wasser nachgießen. Die Gans weitere 1 bis 1 1/2 Stunden braten, zwischendurch mit Bratensaft begießen. Etwa 20 Minuten vor Garende den Deckel entfernen, die Hitze auf 225° (Umluft 200°) hochschalten. Die Gans mit kaltem Salzwasser bestreichen, damit sie schön knusprig wird.

4. Während die Gans gart, die Klöße zubereiten. Dafür die rohen Kartoffeln schälen, waschen und fein reiben. Die Masse portionsweise in ein sauberes Küchentuch geben und auspressen, das Wasser auffangen und zur Seite stellen, bis die Stärke sich abgesetzt hat. Die trockene Kartoffelmasse in eine Schüssel geben. Die gekochten Kartoffeln schälen und fein reiben.

5. Das Brötchen in kleine Würfel schneiden. Die Butter zerlassen, das Brötchen darin anrösten. Das Wasser vorsichtig von der abgesetzten Stärke gießen. Die Stärke zur Kloßmasse geben. 1 Tasse kochendes Wasser über die Kloßmasse gießen. Die gekochten Kartoffeln gründlich untermischen, mit Salz würzen.

6. Reichlich Salzwasser aufkochen lassen. Aus dem Teig mit angefeuchteten Händen Klöße formen, in die Mitte jeweils 3–4 Brötchenwürfel drücken. Den Teig darüber wieder gut verschließen. Die Klöße in dem Salzwasser bei schwacher Hitze etwa 20 Minuten ziehen (nicht kochen!) lassen.

7. Die Gans auf einer Platte im abgeschalteten Ofen warm stellen. Vom Bratfond das Fett abschöpfen und die Röststoffe lösen. Die Speisestärke in kaltem Wasser anrühren, die Sauce damit binden. Die Gans zerteilen und mit den Klößen und der Sauce servieren. Dazu paßt Rotkohl.

Tips!

Aus dem Gänseklein und etwas Gemüse eine kräftige Brühe kochen und abseihen. Übriges Fleisch klein würfeln und mit gekochten Nudeln in die Brühe geben.
Das abgeschöpfte Fett mit Flomen, Zwiebel- und Apfelwürfeln auslassen, als Brotaufstrich verwenden. Übrig gebliebene Klöße aufschneiden und in Butter knusprig braten.

Knusprig und unvergleichlich saftig: Die Füllung aus Äpfeln und Beifuß gibt der Weihnachtsgans einen besonders aromatischen Geschmack.

Kirschen-michel

Ein süßer und sättigender Kirschauflauf.

Zutaten für 4 Personen:
1 kg dickfleischige Süßkirschen
6 Brötchen vom Vortag
1/2 l lauwarme Milch
4 Eier · 125 g Zucker
1 Päckchen Bourbon-Vanillezucker
abgeriebene Schale von 1 unbe-
handelten Zitrone
1/2 Teel. Zimtpulver
Für die Form und zum Belegen:
Butter
Zum Bestäuben: Puderzucker

Schmeckt Kindern

Pro Portion etwa:
2700 kJ/640 kcal
18 g Eiweiß · 15 g Fett
110 g Kohlenhydrate

- Zubereitungszeit: etwa
  1 1/2 Stunden

1. Die Kirschen waschen, Stiele und Steine entfernen. Die Brötchen in Scheiben schneiden.

2. Die Milch in eine große Schüssel gießen. Mit den Eiern, dem Zucker und dem Vanillezucker, der Zitronenschale und dem Zimt verrühren.

3. Eine große Auflaufform gut mit Butter ausfetten. Den Boden mit einer Lage Brötchenscheiben bedecken, darauf Kirschen verteilen. Wieder eine Schicht Brötchen-scheiben einfüllen und darauf Kirschen verteilen. So verfahren, bis Brötchen und Kirschen verbraucht sind. Die Eiermilch darüber gießen und alles etwa 10 Minuten stehenlassen. Den Backofen auf 200° vorheizen.

4. Den Kirschenmichel mit Butterflöckchen belegen und im Backofen (unten, Umluft 180°) in 45–50 Minuten backen. Vor dem Servieren mit Puderzucker bestäuben.

Rote Grütze mit Vanille-sauce

Zutaten für 4–6 Personen:
800 g frische gemischte Beeren
(Brombeeren, Himbeeren, rote und
schwarze Johannisbeeren, Erd-
beeren, Heidelbeeren)
1/4 l Rotwein (ersatzweise unge-
süßter Fruchtsaft, beispielsweise
Schwarze Johannisbeerensaft)
50 g Zucker
1 langes Stück Schale von einer
unbehandelten Zitrone
3 Eßl. Speisestärke
Für die Vanillesauce:
1 Vanilleschote · 3/4 l Milch
1 1/2 Eßl. Speisestärke
60 g Zucker
1 Ei · 2 Eigelb

Läßt sich gut vorbereiten

Bei 6 Personen pro Portion etwa: 1200 kJ/290 kcal
8 g Eiweiß · 8 g Fett
39 g Kohlenhydrate

- Zubereitungszeit: etwa
  1 Stunde

1. Die Beeren in einem Sieb abspülen und von Rispen oder Stielen befreien. Von dem Rotwein 5 Eßlöffel abnehmen und mit der Speisestärke verrühren.

2. In einem Topf den restlichen Rotwein mit dem Zucker und der Zitronenschale zum Kochen bringen. Alle Beeren und die angerührte Speisestärke hinzufügen und unter häufigem Rühren kurz aufkochen lassen. Die Grütze in Portionsschälchen oder in eine große Schüssel füllen und kalt stellen.

3. Für die Vanillesauce die Vanilleschote längs aufschlitzen und das Mark herauskratzen. Von der Milch 3 Eßlöffel abnehmen und mit der Speisestärke verrühren. Die übrige Milch mit dem Mark und der Schote zum Kochen bringen und wieder etwas abkühlen lassen.

4. Zucker, Ei und Eigelb schaumig rühren. Mit der angerührten Stärke unter die Milch rühren und alles einmal aufkochen lassen. Die Schote entfernen und die Sauce kalt stellen.

Im Bild vorne:
Rote Grütze mit Vanillesauce
Im Bild hinten: Kirschenmichel

Gefüllte Bratäpfel

Wenn Kinder mitessen, verzichten Sie aufs Flambieren und servieren die Bratäpfel dafür mit Vanillesauce.

Zutaten für 4 Personen:
8–10 mittelgroße Äpfel (Boskop, Cox Orange)
100 g Walnüsse
6 Eßl. Quittengelee
100 g Rosinen
100 g Zucker
1/4 Teel. Zimtpulver
1 Eßl. Butter
1/8 l Calvados

Gelingt leicht

Pro Portion etwa:
2800 kJ/670 kcal
6 g Eiweiß · 21 g Fett
100 g Kohlenhydrate

• Zubereitungszeit: etwa
35 Minuten

1. Die Äpfel gründlich waschen und trockenreiben. Das Kerngehäuse ausstechen oder vorsichtig herausschneiden. Die Walnüsse grob hacken. Den Backofen auf 180° vorheizen.

2. Quittengelee, Rosinen, Zucker, Zimtpulver und die Hälfte der Nüsse in einer Schüssel vermischen, die Äpfel damit füllen. Eine feuerfeste Form mit der Butter ausfetten. Die Äpfel hineinsetzen und im Backofen (Mitte, Umluft 160°) etwa 20 Minuten backen.

3. Den Calvados leicht erwärmen. Die fertigen Bratäpfel mit den restlichen Nüssen bestreuen. Den Calvados über die Äpfel gießen und anzünden.

Arme Ritter mit Kompott

Zutaten für 4 Personen:
Schale von 1/2 unbehandelten Zitrone
1 Zimtstange · 2 Gewürznelken
70 g Zucker
2 Äpfel (Gloster, Berlepsch)
2 Birnen
2 Eier
1/2 l Milch · Salz
2 Päckchen Vanillinzucker
12 Scheiben Weiß- oder Toastbrot
200 g Semmelbrösel
Zum Braten: Butterschmalz

Preiswert

Pro Portion etwa:
2700 kJ/640 kcal
19 g Eiweiß · 11 g Fett
110 g Kohlenhydrate

• Zubereitungszeit: etwa
1 Stunde

1. 1/8 l Wasser, Zitronenschale, Zimtstange, Nelken und Zucker aufkochen.

2. Äpfel und Birnen vierteln, schälen und die Kerngehäuse entfernen. Das Obst in Spalten schneiden und in dem Gewürzsud bei schwacher Hitze etwa 5 Minuten garen. Es sollte nach Möglichkeit nicht zerfallen.

3. Das Obst mit einer Schaumkelle herausnehmen und in eine Schüssel füllen. Den Sud noch etwa 5 Minuten weiterkochen lassen, dann über das Obst gießen. Das Kompott kalt stellen.

4. Die Eier in der Milch mit 1 Prise Salz und dem Vanillinzucker verquirlen. Das Weißbrot auf eine Platte legen und mit der Eiermilch begießen. Wenn es sich vollgesogen hat, das Brot in den Semmelbröseln wenden, die Brösel gut festdrücken.

5. Butterschmalz in einer Pfanne erhitzen. Darin nach und nach die Weißbrotscheiben bei mittlerer Hitze von beiden Seiten goldbraun braten. Die Scheiben diagonal durchschneiden und heiß mit dem abgekühlten Kompott servieren.

Varianten:

Für »Reiche Ritter« jeweils 1 Weißbrotscheibe mit dicker Marmelade oder Pflaumenmus bestreichen. Eine zweite Scheibe darauf legen. Diese »Doppeldecker« durch die Eiermilch ziehen und panieren, festdrücken und braten. Mit Zimt und Zucker bestreuen oder mit einer Wein-, Obst-, Vanille- oder Schokoladensauce servieren.

Im Bild vorne:
Arme Ritter mit Kompott
Im Bild hinten: Gefüllte Bratäpfel

Grieß-flammerie mit Rhabarber

Zutaten für 4 Personen:
1/2 l Milch · 75 g Zucker
abgeriebene Schale von 1/2 unbe-
handelten Zitrone
Salz
75 g Grieß · 4 Eier
Für das Rhabarberkompott:
500 g Rhabarber · 200 g Zucker
1 kleine Zimtstange
1 Stück unbehandelte Zitronen-
schale (etwa 4 cm)

Läßt sich gut vorbereiten

Pro Portion etwa:
2200 kJ/520 kcal
13 g Eiweiß · 11 g Fett
90 g Kohlenhydrate

- Zubereitungszeit: etwa
  45 Minuten
- Zeit zum Kühlen: 2 Stunden

1. Die Milch mit der Hälfte des Zuckers, der Zitronen-schale und 1 Prise Salz zum Kochen bringen. Unter Rühren den Grieß einstreuen und so lange bei schwacher Hitze quellen lassen, bis der Grieß dick wird. Zur Seite stellen.

2. Die Eier trennen und die Eigelbe unter die Grießmasse rühren. Die Eiweiße mit dem restlichen Zucker steif schlagen und vorsichtig unterhe-ben. Den Flammerie in kalt ausgespülte Schälchen füllen, etwa 2 Stunden kalt stellen.

3. Für das Kompott den Rha-barber abspülen, die Enden abschneiden und, wenn nötig, die Fäden abziehen. Die Stiele in 2–3 cm lange Stückchen schneiden.

4. Den Rhabarber mit dem Zucker, der Zimtstange, der Zitronenschale und etwa 1/8 l Wasser zum Kochen bringen. Alles etwa 2 Minuten kochen lassen. Der Rhabarber soll weich sein, darf aber nicht zerfallen. Das Kompott kalt stellen.

5. Den erkalteten Flammerie auf Teller stürzen, dafür die Förmchen kurz in heißes Wasser tauchen. Das Rhabar-berkompott um den Flamme-rie herum verteilen.

Feiner Vanille-pudding

Dieser köstliche Pudding ist einfach und ohne großen Auf-wand nachzukochen.

Zutaten für 4 Personen:
1/2 Vanilleschote
2 Eier
70 g Zucker
45 g Speisestärke
1/2 l kalte Milch
1–2 Eßl. Butter
Salz

Schmeckt Kindern

Pro Portion etwa:
1200 kJ/290 kcal
8 g Eiweiß · 12 g Fett
36 g Kohlenhydrate

- Zubereitungszeit: etwa
  1 Stunde

1. Die Vanilleschote längs aufschneiden und das Mark herauskratzen. Die Eier tren-nen. Eigelbe, Zucker, Speise-stärke und Vanillemark mit der Milch verrühren.

2. Die Vanilleschote mit zur Milch geben. Alles bei schwa-cher Hitze so lange erwär-men, bis die Masse dicklich wird (keinesfalls kochen!), dabei ständig mit einem Schneebesen rühren. Den Pudding vom Herd nehmen und die Butter unterrühren.

3. Den Pudding lauwarm abkühlen lassen. Die Eiweiße mit 1 Prise Salz steif schla-gen. Die Vanilleschote entfer-nen und das steife Eiweiß unter den Pudding heben. Die Masse in eine Schüssel oder in kleine Portionsschälchen füllen und kalt stellen. Mit einer Kirsch-, Schokoladen- oder Weinsauce servieren.

Im Bild vorne:
Grießflammerie mit Rhabarber
Im Bild hinten:
Feiner Vanillepudding

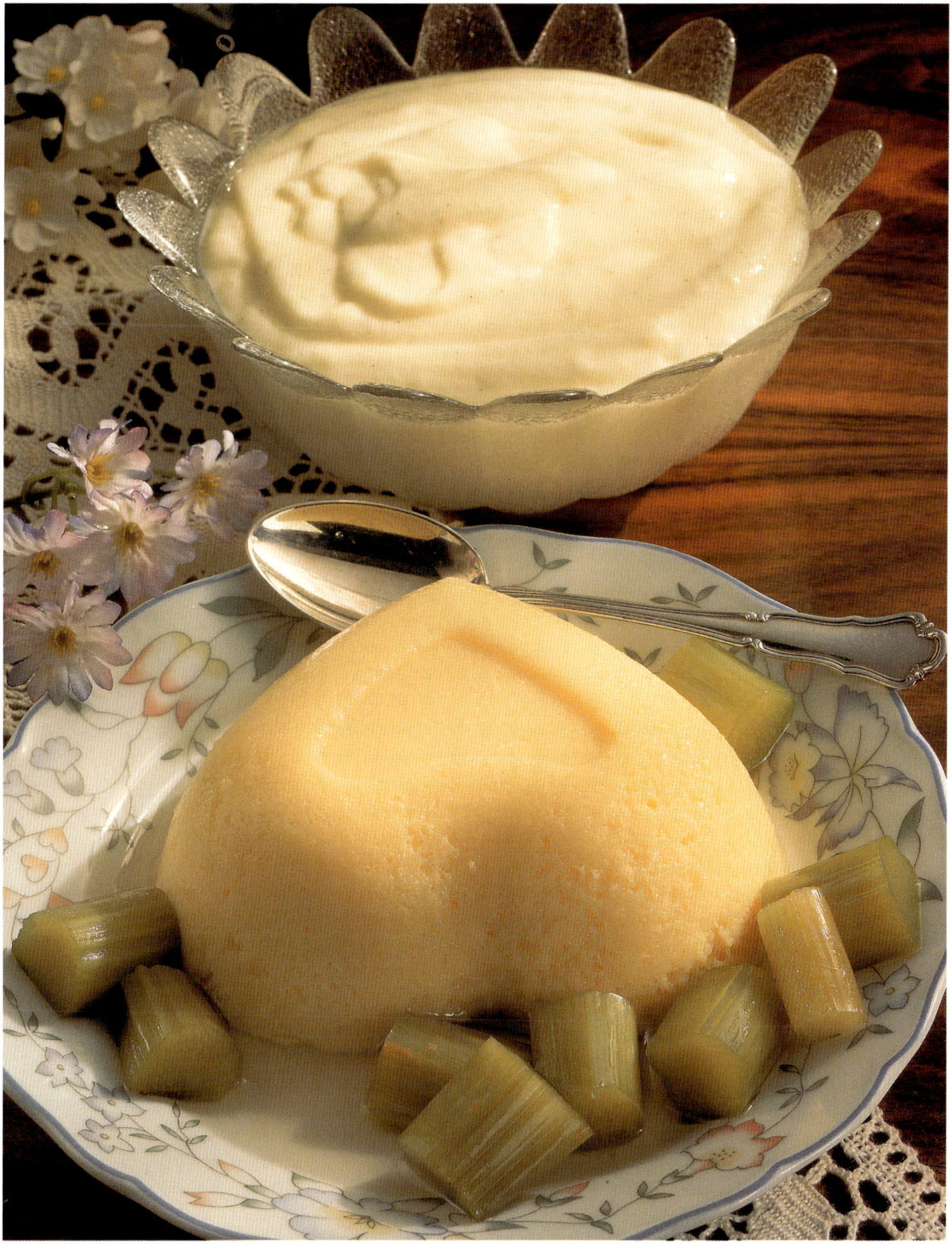

Familien-Apfelkuchen

Zutaten für eine Form von 36 x
20 cm oder 28 cm Ø (ergibt etwa
16 Stück)
1 kg Äpfel (geputzt gewogen;
Boskop, Berlepsch)
Saft und Schale von 1 unbe-
handelten Zitrone
250 g Butter · 200 g Semmelbrösel
200 g gemahlene Haselnüsse
150 g gemahlene Mandeln
50 g Mehl · 250 g Puderzucker
2 Päckchen Bourbon-Vanillezucker
1/2 Teel. Zimtpulver · Salz
6 Eier
Für den Guß:
200 g Sahne · 1 Eßl. Mehl
2 Eier · 100 g Zucker
Nach Belieben: Zimt und Zucker
zum Bestreuen

Läßt sich gut vorbereiten

Bei 16 Stück pro Stück etwa:
2100 kJ/510 kcal
10 g Eiweiß · 34 g Fett
32 g Kohlenhydrate

- Zubereitungszeit: etwa
  2 Stunden

1. Die Äpfel schälen, vierteln und in Scheiben schneiden, dabei von den Kerngehäusen befreien, mit dem Zitronensaft beträufeln. Den Backofen auf 180° vorheizen. Die Form mit etwas Butter ausfetten und mit Semmelbröseln ausstreuen.

2. Restliche Semmelbrösel, Nüsse und Mehl vermengen. Übrige Butter schmelzen lassen, mit Puderzucker, Vanille-zucker, Zimt, 2 Prisen Salz

und Zitronenschale cremig rühren. Nußmischung und Ei-er nach und nach unterrühren.

3. Diese Masse in die Form füllen und glattstreichen. Die Apfelspalten darauf legen. Den Kuchen im Backofen (Mitte, Umluft 160°) etwa 30 Minuten backen.

4. Für den Guß die Sahne mit dem Mehl, den Eiern und dem Zucker verrühren. Den Kuchen mit dem Guß be-gießen und weitere 45 Minu-ten backen. Auskühlen lassen und nach Belieben mit Zimt und Zucker bestreuen.

Quark-keulchen

Zutaten für 4 Personen:
800 g festkochende Kartoffeln
150 g Mehl · 1 Teel. Backpulver
500 g Quark (10% Fett i. Tr.)
2 Eier · 1/2 Teel. Salz
Muskatnuß, frisch gerieben
1/2 Teel. abgeriebene Schale
einer unbehandelten Zitrone
1 Päckchen Bourbon-Vanillezucker
100 g Rosinen oder Korinthen
Für die Arbeitsfläche: Mehl
Zum Braten: Butterschmalz
Zum Bestreuen: Zucker und Zimt

Preiswert

Pro Portion etwa:
2300 kJ/550 kcal
27 g Eiweiß · 9 g Fett
91 g Kohlenhydrate

- Zubereitungszeit: etwa
  1 Stunden

1. Die Kartoffeln am Vortag waschen und knapp mit Was-ser bedeckt 20–25 Minuten garen. Abgießen und noch heiß pellen.

2. Am nächsten Tag die Kar-toffeln in eine Schüssel rei-ben. Mehl und Backpulver darüber sieben. Den Quark etwas abtropfen lassen und durch ein Sieb dazustreichen.

3. Die Eier verquirlen. Mit Salz, Muskat, Zitronenschale, Vanillezucker und Rosinen zum Kartoffelteig geben. Alles rasch zu einem formba-ren Teig verkneten. Dabei die Hände leicht mit Mehl bestäu-ben, damit der Teig nicht klebt.

4. Den Teig auf leicht be-mehlter Arbeitsfläche zu einer Rolle (Durchmesser etwa 6 cm) formen. Davon etwa 1 1/2 cm dicke Scheiben ab-schneiden und etwas flach-drücken.

5. 2 Eßlöffel Butterschmalz erhitzen. Die Keulchen darin von jeder Seite in etwa 4 Mi-nuten goldbraun braten.

6. Die Quarkkeulchen heiß servieren und mit Zucker oder einem Gemisch aus Zucker und Zimt bestreuen. Dazu schmeckt Kompott.

Bild oben: Familien-Apfelkuchen
Bild unten: Quarkkeulchen

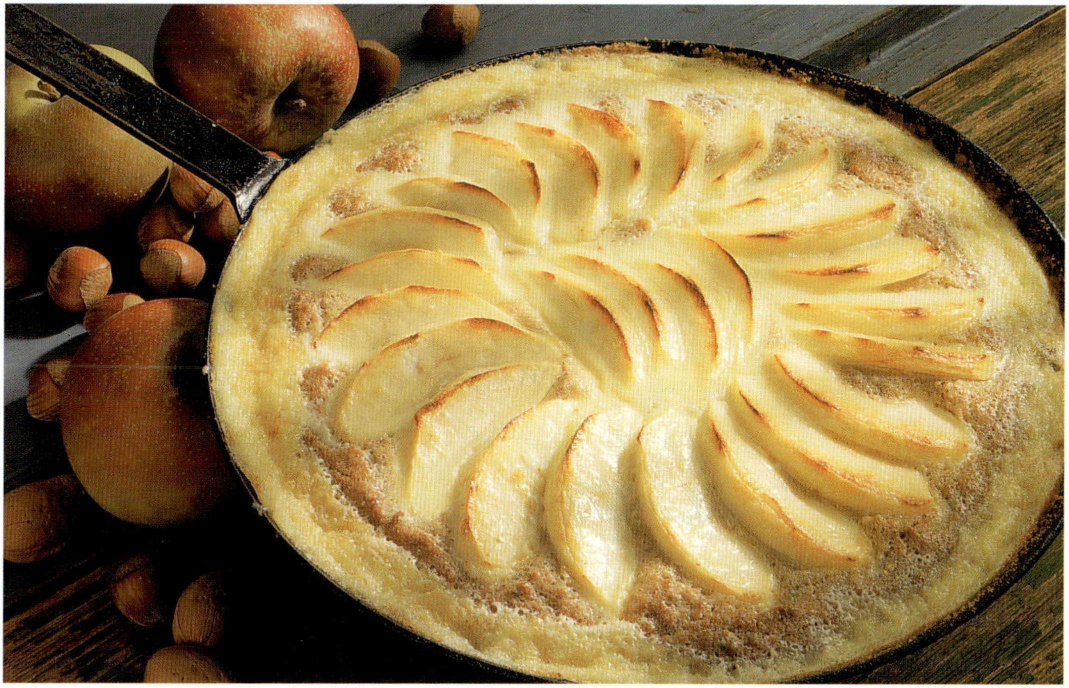

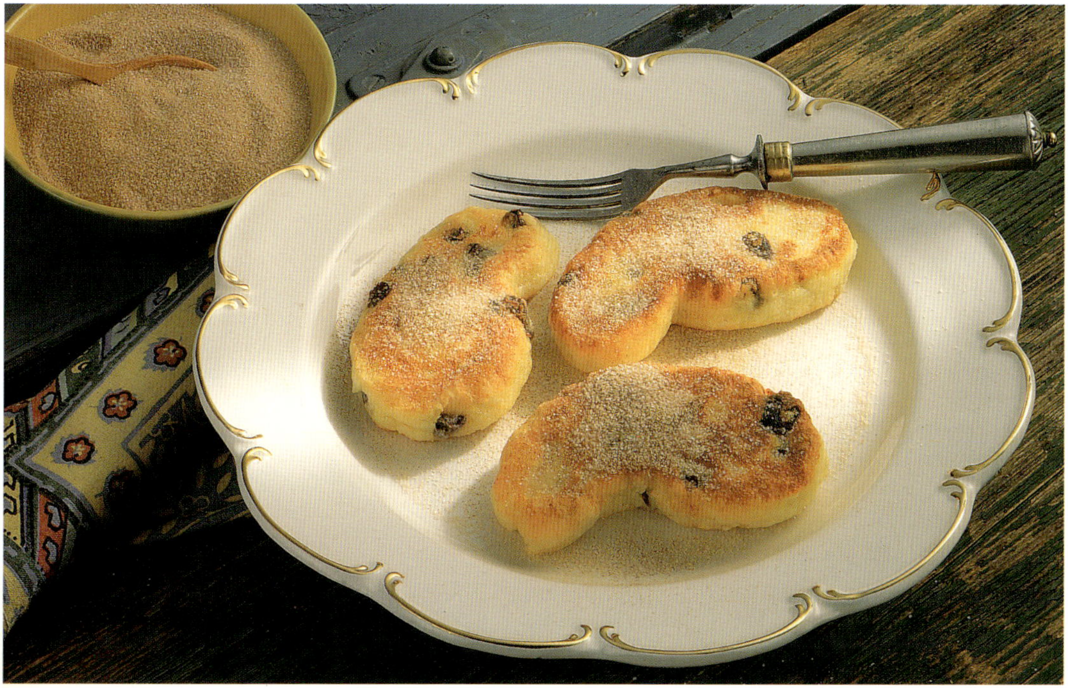

Zum Gebrauch

Damit Sie Rezepte mit bestimmten Zutaten noch schneller finden können, stehen in diesem Register zusätzlich auch beliebte Zutaten wie Äpfel und Kartoffeln – ebenfalls alphabetisch geordnet und halbfett gedruckt – über den entsprechenden Rezepten.

IMPRESSUM

Umschlag-Vorderseite:
Das Rezept für Hackbraten
mit Rotkohl finden Sie auf
Seite 40.

© 1996 Gräfe und Unzer
Verlag GmbH München.
Alle Rechte vorbehalten.
Nachdruck, auch auszugs-
weise, sowie Verbreitung
durch Film, Funk und Fern-
sehen, durch fotomechani-
sche Wiedergabe, Tonträger
und Datenverarbeitungs-
systeme jeglicher Art nur mit
schriftlicher Genehmigung
des Verlages.

Redaktion: Claudia Daiber,
Christine Wehling
Layout: Ludwig Kaiser
Typografie: Robert Gigler
Herstellung: Renate Hausdorf
Fotos: Odette Teubner
Umschlaggestaltung: Heinz
Kraxenberger
Satz: Computersatz Wirth
Reproduktion: Imago
Druck und Bindung: Kauf-
mann, Lahr
ISBN 3-7742-2805-1

Auflage 5. 4. 3. 2. 1.
Jahr 2000 99 98 97 96

Gudrun Ruschitzka,
in Sachsen geboren, begann
mit einem Facharbeiterbrief
als Köchin ihre berufliche
Laufbahn. Die Bibliothekar-
schule in Leipzig und mehrere
Semester Kunstgeschichte
vertieften ihr Interesse an
Büchern, an Kultur, an Le-
bensart. Seit 20 Jahren lebt
sie in München, arbeitet bei
einem international renom-
mierten Partyservice und hat
bereits an vielen GU-Koch-
büchern mitgewirkt.

Odette Teubner
wurde durch ihren Vater, den
international bekannten Food-
Fotografen Christian Teubner,
ausgebildet. Heute arbeitet
sie ausschließlich im Studio
für Lebensmittelfotografie
Teubner. In ihrer Freizeit ist
sie begeisterte Kinderporträ-
tistin – mit dem eigenen Sohn
als Modell.